KB055199

# 06
Abnormal Psychology

# 강박장애

이용승·이한주 지음

_ 헤어날 수 없는 반복의 굴레

학지사

## '이상심리학 시리즈'를 내며

　21세기를 살아가는 우리는 급격한 변화와 치열한 경쟁으로 이루어진 현대사회에 적응해야 하는 커다란 심리적 부담을 안고 있다. 이러한 현실 속에서 현대인은 여러 가지 심리적 문제와 장애에 직면하게 될 가능성이 높다.

　정신건강에 대한 사회적 관심이 증대되면서, 이상심리나 정신장애에 대해서 좀 더 정확하고 체계적인 지식을 접하고자 하는 사람들이 늘어나고 있다. 그러나 막상 전문서적을 접하게 되면, 난해한 용어와 복잡한 체계로 인해 쉽게 이해하기 어려운 것이 현실이다.

　이번에 기획한 '이상심리학 시리즈'는 그동안 소수의 전문가에 의해 독점되다시피 한 이상심리학에 대한 지식을 일반 독자들에게 소개하기 위한 것이다. 이를 위해서 다양한 정신장애에 대한 최신의 연구 내용을 가능한 한 쉽게 풀어서 소개하려고 노력하였다.

'이상심리학 시리즈'는 서울대학교 심리학과 임상·상담 심리학 교실의 구성원이 주축이 되어 지난 2년간 기울인 노력의 결실이다. 그동안 까다로운 편집 지침에 따라 집필에 전념해준 집필자 모두에게 감사드린다. 아울러 어려운 출판 여건에도 불구하고 출간을 지원해주신 학지사 김진환 사장님과 한 권 한 권마다 좋은 책이 될 수 있도록 성심성의껏 편집을 해주신 편집부 여러분에게 고마움을 표한다.

인간의 마음은 오묘하여 때로는 "아는 게 병"이 될 수 있다. 그러나 이러한 우려보다는 "아는 게 힘"이 되어 보다 성숙하고 자유로운 삶을 이루어나갈 수 있는 독자 여러분의 지혜로움을 믿으면서, '이상심리학 시리즈'를 세상에 내놓는다.

2000년

서울대학교 심리학과 교수

원호택, 권석만

## 2판 머리말

뜻대로 움직여지지 않는 불운한 외부 상황은 우리를 무척 곤혹스럽고 무기력하게 만드는 것이지만, 사실 의지대로 통제되지 않는 우리 내면 세계만큼 우리를 허망하고 좌절하게 만드는 것도 없는 것 같다. 스스로가 원치 않음에도 고통스러운 생각과 행동에 집착하게 되는 강박증은 너무나도 헤어나기 어려운 반복의 굴레다.

우리에게는 결벽증이라는 말로 더욱 익숙하게 다가오는 강박증은 '악순환'의 교과서적인 전형이다. 손이 너덜너덜해지는 아픔에도 반복적으로 씻을 수밖에 없고, 너무나 바보스럽다는 것을 알면서도 일정한 의식을 치르고서야 편안하게 잠들수 있는 등의 이들이 겪는 고통을 단지 어리석음이나 소심하고 과민한 성격에서 나타나는 이상행동으로만 치부해버릴 수는 없을 것이다. 이는 주어진 상황에서 나름대로 선택할 수 있었던 최선의 적응이었고 필사적인 몸부림이었기 때문이다.

미국의 정신과적 진단체계가 DSM-IV에서 DSM-5로 바뀌면서, 강박장애에 관련된 몇 가지 중요한 변화가 있었다. 강박장애의 진단기준 자체는 크게 바뀌지 않았지만, 강박장애가 DSM-IV에서는 불안장애의 하위장애로 분류되다가 DSM-5부터는 강박장애와 관련된 장애라는 새로운 독립적인 범주를 형성하고 그 안에 포함되었다. 본 2판에서는 이와 관련하여 강박장애가 그와 관련된 다른 장애들과 어떻게 새로운 진단범주를 형성하게 되었는지 소개한다. 또한 강박장애에 대한 근래 치료 연구의 결과를 소개하여, 현재의 치료적 동향이 어떠한지 제시하였다.

이 책을 읽어가는 동안 독자 여러분도 우리 주변에서 일상적으로 일어나는 반복행위의 다양한 모습과 의미를 발견하게 될 것이다. 이 책이 우리 모두가 겪을 수도 있는 불편감이나 고통에 대해 다시 한 번 이해하고 공감하는 기회가 될 수 있기를 바란다.

2016년

이용승, 이한주

# 차례

# 강박장애란
# 무엇인가

# 1. 사례로 보는 강박장애

강박 혹은 강박적이란 말은 어떤 뜻으로 사용되는가? 일상생활에서 강박장애라는 말을 자주 들을 수 있는 것은 아니다. 대신 "나는 이러이러한 강박관념이 있어" "그 친구 정말 강박적이야"라는 식의 표현은 종종 듣게 되는 것 같다. 대개 자신의 의지에 반하여 반복적으로 의식 속에 침투해 들어오는 성가신 생각들을 강박관념이라고 부른다. 강박관념이라는 말이 일상생활에서 어떻게 쓰이는지 몇 가지 예를 들어보면 더 쉽게 이해가 될 것이다.

독실한 크리스천인 김 군은 성性에 관련된 부적절한 생각의 반복적인 침투로 심한 죄책감을 겪었다. 수업시간에도 옷을 벗은 수녀의 모습이 머릿속에 떠올라 집중하기가 어려웠다. 극도로 부적절한 이 생각과 이미지를 떨쳐버리려고 머리도 흔들어보고, 침도 꿀꺽 삼켜보고, 기침소리도 내보고, 넓적다리를 꼬집어도 보지만 아무리 애를 써도 좀처럼 눈앞에 살색이 가시지를 않았다. 심지어는 수녀가 펼치는 변태적인 성행위 모습까지 떠올라 더욱 심한 죄책감에 도저히 어찌할 바를 몰랐다. 마음속으로 딴생각을 떠올려 주의를 분산시키려고 애를 써봤지만 그것도 잠시뿐 거의 속수무책이었다.

최 양은 공공장소에서는 어떤 물건도 만지기를 꺼렸다. 남들이 만졌던 물건을 만지면 병균에 감염될 것 같았기 때문이다. 지저분한 공중화장실의 수도꼭지나 문고리, 버스의 손잡이, 공중전화 등 여러 사람이 만졌을 만한 물건에는 어떠한 수를 써서라도 손을 대지 않으려 하였고, 근처에 가는 것도 몹시 꺼렸다. 그러나 집 안에만 가만히 들어앉아 있지 않는 한 이것이 어디 될 법한 일인가? 어쩔 수 없이 이러한 '더러운 것'들에 접촉하게 되었을 때는 심한 불쾌감과 세균 감염에 대한 불안감을 느껴 반복해서 손을 씻고 또 씻어야만 안심이 되었다.

이러한 예에서 볼 때, 강박관념이라는 것은 '자신의 의지에 반하여' 의식에 침투한 통제되지 않는 생각, 이미지, 충동이라고 정의할 수 있겠다. 마찬가지로 강박행동은 주로 강박관념으로부터 일어나 불안감을 떨쳐내기 위해 반복적으로 수행하게 되는 고통스러운 의식적인 행동이라고 정의할 수 있다.

한편, 즐겁고 유쾌한 생각이 머릿속을 사로잡고 있을 때는 강박관념이라고 하지 않는다. 만약 앞에 예로 든 김 군이 성적인 생각과 이미지로부터 죄책감을 느끼는 것이 아니고 수녀의 나신에 대한 야릇한 생각을 의도적으로 즐기는 것이었다면 강박관념이라는 표현은 적절하지 않다. 그것은 성적인 공상이라 부르는 것이 더 적합하다. 강박적인 생각과 행동은 본인의 의지에 반하여 반복되는 것이며, 의지적으로 많은 노력을 기울여도 좀처럼 통제할 수 없어 심한 심리적 고통을 초래하는 불안장애적 증상임을 일단 기억해두기로 하자.

조금 딱딱한 이야기가 될 수도 있겠지만 잠시 이상심리에서 장애라는 것이 무엇을 의미하는지 살펴보고 넘어가기로 하자. 간단히 말하자면 '장애'라고 불릴 만한 상태는 상대적으로 '정상'이라고 여겨지는 상태에서 나타나는 모습이 보이지 않거나, 또는 반대로 '정상' 상태에서는 보이지 않는 모습이 특이하게 나타나고 있는 상태라고 볼 수 있을 것이다. 그러나 어떤 현상이 장애인지 아닌지를 구분하는 기준은 그리 명확하지 않다.

이상행동을 규정하는 첫 번째 특징은 그 행동의 상대적 희귀성에서 찾아볼 수 있다. 잠시 과거의 수학시간에 배웠던 확률과 통계 단원을 떠올려보자. 자연계의 여러 현상은 정규분포를 형성하고 있는 경우가 많다. 대부분의 현상은 평균치를 중심으로 모여 있고, 양극단으로 갈수록 그러한 속성을 지닌 현상의 빈도가 감소하는 좌우대칭의 종 모양 분포를 그린다. 즉, 평균치로 갈수록 더욱 높은 빈도가 분포하며, 속성의 양극단으로 갈수록 그 빈도가 점점 감소한다. 이러한 맥락에서 이상행동의 기준을 정의한다면, 어떤 속성이나 행동 패턴 등이 평균치에서 이탈하는 정도가 심해질수록 이상행동으로 접근한다고 볼 수 있다. 이상행동의 규정과 관련하여 빈도라는 통계적인 개념을 통해 얻을 수 있는 함의는, 대부분의 경우에 보편적으로 나타나는 정상행동에 비해 그 빈도가 낮다는 점이다. 사람들은 일반적으로 버스 손잡이나 공공장소의 문고리 만지기를 꺼리지 않는다는 점을 생각할 때, 앞의 예의 최 양은 이러한 빈도의 기준에서 정상적인 상태와는 다소 거리가 있음을 알 수 있다.

둘째, 장애라고 규정하기 위해서는 경험하고 있는 현상이 자신에게 불편하게 느껴져야 한다. 예를 들어, 김 군이 보통의 사춘기 청소년들이 그러하듯이 성적인 공상을 의도적으로 즐겼다면 그러한 성적인 생각은 자신의 의지에 반하여 일어나는 것도 아니며 그다지 불편감이나 죄책감을 느끼지 않을 것이다. 장애라고 할 때는 스스로에게 많은 불편감을 주고 있는 경우를 일컫는 것이다.

셋째, 장애는 단순히 그 현상 자체만으로 그치지 않는다는 것이다. 최 양의 경우 공공장소를 기피하는 것이 평범한 것은 아니지만, 만일 이로 인한 불편이 그저 꺼리고 반복적으로 손을 씻는 수준에서 그친다면 이것은 장애라고 보기 힘들다. 장애는 문제의 증상으로 인해 여러 주요한 생활 영역에서 실질적인 기능적 손상이 발생하는 경우를 의미하는 것이다. 학업, 직업, 사회생활 및 대인관계의 다양한 측면에서 정상적인 기능을 수행하기 어려울 정도로 증상이 심각한 문제를 일으킨다면 이는 하나의 장애 현상으로 생각할 수 있을 것이다.

최 양의 경우 병균으로 인한 오염이나 전염에 대한 두려움으로 인해 외출도 하지 못했다. 억지로 외출은 했는데 종일 병균에 대한 생각에 시달려 해야 할 일도 제대로 할 수 없고, 사람들도 편히 만날 수 없고, 공공장소에 두려움 없이 갈 수 없다면 최 양의 상태를 '병적'이라고 표현하는 것에 대해서 아무도 이견이 없을 것이다.

그러나 강박적인 생각이나 행동은 매우 보편적인 현상이다. 적어도 일시적으로는 누구나 강박관념이나 그와 유사한 부적절한 생각들을 경험한다. 정도의 차이를 배제한다면 대부분의 사람이 강박장애 환자들이 겪는 반복적인 생각이나 행동과 질적으로 유사한 것들을 경험한다. 다음의 사례를 살펴보며 이상행동의 의미를 되새겨보도록 하자.

> 박 씨는 42세의 중년 남성이다. 강박장애가 시작된 지는 20년 정도가 흘렀다. 박 씨의 주된 문제는 길거리에서 유리조각이나 날카로운 돌조각들을 줍는 것이었다. 그는 이런 것들을 볼 때마다 아이들이 놀다가 다치면 어떻게 하나 하는 생각에 돌을 자신이 치워야만 한다는 책임감을 강하게 느꼈다. 길을 지날 때마다 근처에 유리조각이 떨어져 있지는 않은지 늘 확인해야만 했다. 반복적인 확인행동, 이것이 박 씨의 강박행동이었다.

> 길거리로 나서기만 하면 유리조각과 날카로운 돌조각에 대한 생각으로 인해 마음 편히 어디에도 갈 수가 없었다. 계속해서 두리번두리번 주변을 살펴야 했고, 발견되는 족족 주워 모아야만 했기 때문이다. 그러니 외출을 한다는 것 자체가 박 씨에게는 더없이 피곤한 일이었다. 가야 할 곳을 안 갈 수는 없고, 가자니 한 걸음 한 걸음 걷는 것이 너무나 괴로웠다. 유리조각이나 돌조각에 대한 생각을 무시하자니, 그것에 찔려 피를 흘리는 아이들의 모습이 눈앞에 선해서 좀처럼 떨쳐버릴 수 없었다. 늘 불안감 속에서 강박적인 생각과 행동에 시달려야만 했으니, 박 씨에게는 하루도 맘 편

히 지내는 날이 없었다.

36세의 김 씨는 오염과 관련된 강박사고와 강박행위로 인해 어렸을 때부터 고생해왔다. 김 씨는 늘 주머니에 조그만 비닐 봉투를 넣어가지고 다녔는데, 그 안에는 비누와 물수건이 들어있었다. 지하철이나 버스 안과 같은 공공장소에서 누군가가 김 씨를 스치고 지나가면 도저히 가만히 있지를 못했다. 곧바로 더러운 것을 닦아내든지 먼지를 털어내든지 하는 강박행동에 몰두하였다. 집에 들어온 후에는 먼저 샤워를 해서 자신을 깨끗하게 하고, 밖에서 들여온 물건들을 모두 세척해야 했다. 김 씨는 하루에 열 번 정도 샤워를 했다. 하루 중 어느 때라도 자신이 오염되었다고 느끼게 되면 당장 욕실로 직행해야만 했다.

그렇지만 주변의 모든 물건을 이런 식으로 닦을 수 있는 것은 아니었다. 아파트 안에는 오디오나 소파 등 좀처럼 씻어내기 어려운 것들이 많다. 그래서 김 씨는 소파에는 앉지도 않았으며, 구석구석 닦기 어려운 오디오 같은 것은 아예 건드리지도 않으려 했다.

김 씨는 오염되었다는 생각이 들면 그 즉시 씻고 또 씻어야만 했고, 이러한 행동은 김 씨를 늘 파김치처럼 지치도록 만들었다. 사람들을 만나도 가까이 갈 수 없었으며, 악수 같은 것은 더더욱 생각조차 할 수 없는 일이었다. 자꾸 씻다 보니 오히려 피부병이 생겨 정말로 병균에 감염될 위험률이 더 높아졌다. 김 씨도 자신의 행동이 지나치다는 것을 어느 정도는 인식하지만, 일단 불안감이 극에 달하면 이성적인 생각은 뒷전으로 밀려날 수밖에 없었다.

지금까지 제시된 몇 개의 사례를 보면서 강박장애가 어떤 것인지 어느 정도 짐작할 수 있으리라 생각된다. 그러면 이제 실제 임상장면에서는 강박사고와 강박행동을 어떻게 정의하고 있으며, 또 강박장애에는 어떤 유형들이 있는지 좀 더 본격적으로 다루어보도록 하자. ◆

# 2. 강박장애의 진단

　강박장애가 어떠한 장애인지 한눈에 살펴보기 위해서 실제 임상장면에서 적용되는 진단기준을 살펴보는 것이 좋을 것 같다. 현재 정신장애를 진단하는 기준으로 널리 사용되고 있는 『정신장애 진단 및 통계 편람-제5판DSM-5』(2013)에서는 강박장애의 진단기준을 다음과 같이 제시한다.

**강박장애의 진단기준** (DSM-5; APA, 2013)

A. 강박사고 또는 강박행동, 혹은 강박사고와 강박행동이 같이 나타난다.

강박사고는 다음과 같이 정의한다.

1. 반복적이고 지속적으로 침투적이고 원치 않는 생각, 충동 및 이미지를 경험한다. 대부분의 사람이 이로 인해 현저한 불안이나 고통을 느낀다.

2. 이와 같은 생각, 충동이나 이미지를 무시하거나 억압하려고 노력한다. 또는 다른 생각이나 행동을 통해 이를 중화시키려고 노력한다.

강박행동은 다음에 같이 정의한다.

1. 강박사고로 인한 불안감을 떨쳐버리기 위해 혹은 어떤 자신만의 엄격한 규칙에 따라서 외적인 행위(예: 손 씻기, 정리정돈하기, 확인하기)나 심리내적인 행위(예: 주문, 숫자 세기, 속으로 단어 반복)를 반복적으로 보인다.

2. 이러한 반복적인 외적 행동이나 심리내적인 행위들은 불편감을 미연에 방지하거나 감소시키고, 또는 어떤 두려운 사건이나 상황을 예방하려는 목적으로 수행되는 것이다. 그러나 이러한 행위들은 그 행위의 대상과 현실적인 방식으로 연결되어 있지 않거나, 혹은 명백하게 과도한 것이다.

B. 강박사고나 강박행위는 하루에 한 시간 이상의 긴 시간을 소모하게 한다. 또는 임상적으로 심각한 불편감을 일으키고, 개인의 사회적·직업적 기능 및 다른 여러 중요한 생

활 영역에 현저한 장애를 초래한다.

C. 강박장애 증상이 다른 약물이나 질병으로 인한 직접적인
결과가 아니어야 한다.

D. 장애가 다른 심리적 장애의 증상으로 인한 것이 아니어야
한다(예: 범불안장애의 과도한 걱정, 신체이형장애에서 외
모에 대한 집착, 수집장애에서 소유물에 대한 집착, 섭식
장애의 상동화된 섭식 행동 등).

『정신장애 진단 및 통계 편람-제4판DSM-IV』(1994)은 이미
20여 년 전에 위의 DSM-5와 매우 유사한 강박장애의 진단기
준을 제시하였다. 강박사고와 강박행동에 기초한 장애의 진단
기준은 DSM-5로 개정되는 과정에서도 대동소이하게 유지되
었다. 그러나 강박장애의 진단범주와 관련하여 주목할 만한
변화가 있었다. 강박장애가 DSM-IV에서는 불안장애Anxiety
Disorders의 하위 항목으로 분류되었으나, DSM-5부터는 다른
불안장애들로부터 분리되어 "강박장애와 관련 장애들
Obsessive-Compulsive and Related Disorders"이라는 독립적인 범주로
편성되었다. 강박관련장애에는 자신의 멀쩡한 외모에 기형적
인 흠이 있다고 믿고 병적으로 확인하며 집착하는 신체이형장
애Body Dysmorphic Disorder, 쓸모없는 물건에 과도하게 집착하고

수집하는 저장장애Hoarding Disorder, 머리카락이나 눈썹을 비롯
하여 자기 몸의 털을 반복적으로 뽑는 발모장애Trichotillomania,
자신의 피부를 반복적으로 잡아 뜯는 피부뜯기장애Skin Picking
Disorder/Excoriation Disorder 등이 있다. 이와 같은 진단범주의 변화
는 그동안 수많은 생물학적 연구, 행동 연구, 치료 연구 등을
통해 강박장애가 이와 같은 장애들과 한 범주로 묶이는 것이
보다 타당하다는 결과가 누적되어 온 결과다.

　또 한 가지 변화는 강박장애 환자가 자기 증상의 비합리성
에 대한 통찰과 자각의 수준이 다양하게 나타남을 진단 과정
에 반영한 것이다. DSM-IV에서는 이분법적으로 통찰력이 결
여된 상태를 표기하도록 되어 있었으나, DSM-5에서는 연속
선상에서 강박증상의 비합리성에 대한 자각 수준을 세 가지로
분류하게 하였다. ① 통찰력이 좋거나 양호함자신의 증상이 명확히
비합리적이고 과도함을 인식함, ② 통찰력이 약함자신의 강박증상에 관련된
걱정과 두려움이 아마도 사실적인 것이라고 여김, ③ 통찰력의 결여 혹은
망상적인 믿음강박증상에 관련된 자신의 생각이 명확한 사실이라고 확신함.

　그러나 독자 여러분이 위의 진단기준에 근거해 자신이나
주변의 사람들을 섣불리 판단하지 않기를 바란다. 이제 구체
적으로 강박사고와 강박행동이 어떠한 특징을 보이는지 자세
히 살펴보기로 하자.

## 1) 강박사고

강박사고는 대개 생각이나 충동 혹은 어떤 장면과 같은 이미지의 형태로 발생하며 침투적이고 지속적인 양상을 보인다. 스스로도 이를 부적절하고 비합리적이며 과도한 것으로 경험하는데, 이러한 속성을 '자아 이질적'이라고 표현하기도 한다. 이는 강박사고의 내용이 자신에게 불편하게 경험되고 자신의 통제력을 벗어나는 것임을 말하는 것이다. 철학자 칼 야스퍼스Karl Jaspers는 강박사고를 다음과 같이 표현했다.

> 엄격한 의미에서 강박적 사고나 충동은 개인이 끊임없이 경험하는 불안이나 충동 등이다. 개인은 이 불안이 근거 없고, 자신의 충동이 무의미하며, 그러한 생각들이 가능성 없는 것임을 알면서도 불안을 경험하게 된다. 따라서 엄격히 말하면 강박적인 사상들은 이를 경험하는 사람에게 강한 저항감을 주게 되고, 그 내용은 근거 없고 무의미한 것으로 수용되는 것이 당연하다.

강박사고는 혐오스러운 내용을 담고 있는 경우가 많으며, 대부분 강한 주관적 저항감을 일으키게 된다. 대개의 경우 강박사고는 마음속에서 떨쳐버리거나 그 흐름을 통제하기가 무척 어렵다. 또한 강박사고의 내용은 매우 다양하게 나타나는데, 몇 가지만 예를 들어보면 다음과 같다.

- 저 노부인을 내가 죽인 것은 아닐까? (생각)
- 하나님은 나쁜 자식이고, 기독교는 사악한 종교야. (생각 혹은 문구)
- 공공장소에서 내 성기를 노출시킬 것 같다. (충동)
- 엄숙한 모임 중간에 음탕한 이야기를 외칠 것만 같다. (충동)
- 내 아이의 목을 조르거나 창밖으로 던질 것만 같다. (충동)
- 사지가 절단된 시체, 갈기갈기 찢긴 태아, 자동차 사고로 부상당한 남편의 모습, 부모님이 신체적 공격을 당하는 모습 등. (이미지)

성적이거나 공격적인 내용의 충동, 오염 및 감염에 대한 두려움, 어떤 실수나 사고에 대한 의심, 신성모독적이거나 도덕관념에 배치되는 생각, 질서가 깨어져 완벽하지 못한 상태 등 이루 말할 수 없이 다양한 내용의 생각들이 강박사고의 소재가 된다.

사실 이러한 침투적 성질의 사고는 우리 인간에게는 매우 중요한 특성이기도 하다. 의도적인 것은 아니지만, 그러나 분명히 어딘가에 잠재되어 있다가 의식을 찌르고 들어오는 생각들이 반드시 혐오적인 것들만 있는 것은 아니다. 위대한 발명이나 발견의 기초가 된 창조적인 생각 역시 많은 경우에 침투적인 형태로 일어난다. 만약 자발적으로 일어나는 침투적인 성질의 생각이 없고 오로지 의식적으로 통제되고 계획되는 생각만이 우리의 의식을 메우고 있다면 사는 것 자체가 매우 고달파질지도 모른다. 베토벤은 다음과 같은 말을 했다.

> 당신은 내가 어디로부터 아이디어를 얻는지 궁금하실 겁니다. 사실 나도 확실히 알지 못합니다. 나의 아이디어들은 나의 의도와 무관하게, 간접적으로 혹은 직접적으로 어디에선가 떠오르는 것들입니다. 자연을 음미하며 숲을 거닐다가 또는 동네 아이들의 떠들썩한 웃음소리를 들으며 좁게 난 길을 쭉 따라가다가 생각이 떠오르기도 합니다. 때로는 고요한 밤에 혹은 이른 아침에 더없이 선명한 선율이 내 온몸을 감싸 안기도 합니다. 이것들을 정리한 것이 악보입니다.

여기에서 보듯이 악성 베토벤에게 떠올랐던 위대한 음악적 영감 역시 침투적인 사고의 한 예가 될 수 있을 것이다. 그의 이야기에서 볼 수 있듯이 의도와는 무관하게 불쑥불쑥 솟아오른 것이다. 그렇다면 왜 누구에게는 이런 창조적이고 생산적인 생각이 비몽사몽 간에도 의식을 침투해 들어오고 누구에는 견딜 수 없는 고통을 안기는 부적절한 생각과 충동이 반복되는 것일까?

침투적인 사고가 긍정적인 속성을 띠든지 아니면 혐오적인 생각으로 발생하든지 간에, 가장 중요한 점은 이것들이 우리의 의도적인 통제를 벗어나 있다는 것이다. 생각을 마음대로 다룬다는 것은 쉬워 보이지만, 사실 이처럼 어려운 일도 없다. 어리고 순진한 동생이 있다면 톨스토이가 했다는 다음의 장난을 한번 해보라. "너! 백곰이 생각나지 않을 때까지 저 벽을 보고 서 있어라! 다른 어떤 생각을 해도 좋지만, 절대로 백곰을 머릿속으로 생각하면 안 돼" 결과는 어떨까? 동생은 서서 졸다가 스르르 쓰러질지언정 장담하건대 벽을 떠나지는 못할 것이다.

계속해서 침투해 들어오는 잡생각을 떨쳐버리고 한 가지 생각에 집중하기란 보통 노력을 요하는 일이 아니다. 주의집중력이라고 불리는 능력은 이런 맥락에서 자신의 마음을 의도대로 통제할 수 있는 능력이라고도 볼 수 있을 것이다. 그러나 원치 않는 생각을 떨쳐버리는 것은 무언가 한 가지에 집중하는 것보다 더욱 어려운 일 같다. 머릿속이 복잡한 밤에 "자자, 자자" 하면서 눈을 감고 잠들려고 애를 써도 잠은 더욱 안 온다. 불쾌한 일은 "생각하지 말자, 생각하지 말자" 할수록 더욱 생각나는 것이다.

　강박사고는 진단기준에도 있듯이 의도적인 저항이나 반항을 일으킨다. 이 책의 후반부에서 다루겠지만, 의도적으로 생각을 통제하려는 노력은 매우 비효과적이다. 오히려 통제하려는 생각이 더욱 자주 강하게 떠오르는 역설적인 결과가 나타나기 때문이다. 하지만 냉혈인간이 아니라면 '엄마를 쳐 죽여라!'와 같은 혐오스러운 생각이 반복적으로 떠오르는데도 꿈쩍 않고 눈만 껌벅거리고 있을 사람은 아무도 없을 것이다. 다음에서 침투적인 생각에 대해 잠깐만 생각해보고 넘어가기로 하자.

　여러 연구에서 정상인의 90% 이상이 강박사고와 유사한 속성을 지닌 침투적인 생각을 경험하고 있다는 결과가 보고되었다. 따라서 정상인과 환자들이 경험하는 침투적인 생각에 어떠한 차이가 있는지를 밝히는 것은 강박장애를 이해하는 데 있어서 매우 중요한 역할을 할 것이다.

　대체로 두 집단이 경험하는 침투적인 생각 간에는 양적인 면에서는 차이가 있지만 질적인 면에서는 차이가 없다는 것이 공통된 결과다. 정상인 대부분이 경험하는 침투적인 생각과 비교할 때, 강박장애 환자 집단이 경험하는 강박사고는 지속 시간이 길고, 경험의 빈도가 높으며, 강렬한 불편감을 주고, 통제하기 어려운 것으로 보인다.

　그러나 강박사고의 내용에 주목할 때, 강박장애 환자를 치료해온 전문가들조차도 강박장애 환자 집단이 경험하는 강박사고의 내용과 정상인 집단이 경험하는 침투적인 생각의 내용을 잘 구별하지 못한다. 그래서 근래에는 많은 연구자가 정상인이 경험하는 침투적인 사고가 강박장애 환자들의 임상적인 강박사고와 일직선상에 놓인 것으로 가정하고, 어떻게 그것이 강박사고로 악화되는지를 알아내고자 하였다.

침투적인 생각은 언어적인 사고의 형태뿐 아니라 비언어적인 형태로도 얼마든지 나타날 수 있다. 예를 들면, 늘 아침에 무엇을 먹었는지 기억하고 있어야만 한다는 생각, 특정한 단어나 말을 생각해서는 안 된다거나 또는 해야만 한다는 생각, 어떤 음조나 멜로디를 늘 머릿속에 떠올리고 있어야 한다는 생각 등 매우 다양하다.

지금까지 강박장애에서 나타나는 강박사고가 어떠한 성격을 가지고 있는지 살펴보았다. 그토록 혐오스럽고 불쾌한 생각들이 의지와 무관하게 우리 마음을 사로잡게 되는 것은 아주 고통스러운 경험이다. 강박사고에서 비롯되는 고통과 불안으로 인해 강박장애의 또 다른 중요한 특징이 나타나게 된다. 그것은 바로 강박행동이다. 우리 누구나 일상 속에서 습관적이고 반복적인 행동을 나타내며 살아가지만 강박행동은 일상적인 기준과 상식적 판단을 벗어나는 병적인 행동이라는 점에서 현저한 차이를 보인다. 이제 강박행동에는 어떠한 것이 있는지 살펴보기로 하자.

## 2) 강박행동

흔히 강박행동이라는 말을 들으면 반복해서 손이 부르트도록 씻거나 가스 불이 제대로 꺼졌는지 끊임없이 확인하는 행동을 떠올릴 것이다. 이처럼 강박행동은 반복적으로 수행되는 행위다. 자신도 손을 깨끗하게 씻었음을 알지만, 손이 더러워진 것 같고 계속해서 불안하기 때문에 반복해서 씻게 된다. 가장 빈번하게 나타나는 강박행동은 씻기행동과 확인행동이다. 이것이 불합리하고 지나친 행동이라는 점을 인식하고 있지만, 이러한 행동에 저항하는 것은 극심한 불안감을 느끼게 만든다.

실제로 강박장애 환자들에게 그러한 강박행동을 하지 않으려고 시도해보았는지 질문하면, "나도 이 쓸데없는 짓을 그만두고 싶은데, 이것을 안 하면 정말로 미칠 것 같고 불안해서 견딜 수가 없어요. 이게 정말 의미 없는 일인 것은 아는데, 계속 마음속에 '이건 맞지 않아' '아직 안 됐어'란 불편감이 남아 있어 뭔가 '이제 됐다'는 느낌이 들 때까지 멈출 수가 없어요"라고 응답한다. 강박행동을 하지 않으려고 버티게 되면 불안과 긴장이 고조되지만, 강박행동을 수행함으로써 일시적으로 불안과 긴장이 완화되는 것이다.

우선 강박행동은 많은 시간을 소모하게 한다. 강박적인 씻기행동을 보이는 환자들의 경우 하루에 한두 시간 정도를 반복적이고 의례적인 씻기행동에 보내는 것은 보통이며, 심한 경우 하루에 여섯 시간 이상을 강박행동과 씨름하는 중증의 환자들도 있다. 어떤 십대 후반의 남성 환자는 유리조각이 옷에 묻어있을 것 같아서 수도 없이 옷을 갈아입고 반복적으로 확인하는 행동에 '종일' 매달리느라 거의 정상적인 생활을 할 수 없었다.

강박행동 역시 강박사고와 마찬가지로 스스로 이것이 과도하고 비합리적임을 자각하게 되는 경우가 보통이며, 이 역시 강한 주관적인 저항감을 일으키게 된다. 결과적으로 이들은 자신의 의지가 매우 위축되어 있고 자신은 통제 불가능한 사람이라고 느끼게 된다.

대부분 강박사고에 의해 야기된 심한 불안감을 감소시키기 위한 대응책으로 강박행동이 나타나게 되므로 강박사고와 강박행동을 같이 다루어야 하는 경우가 많다. 그러나 경우에 따라서는 외현적인 강박행동이 드러나지 않고 강박사고만 존재하는 것처럼 보이는 강박장애도 있고, 또 강박행동이 겉으로 드러나지 않은 채 내면에서 은밀히 진행되는 경우도 있다. 속으로 숫자를 세거나 자신만의 독특한 기도문을 외우는 것들은 심리내적인 강박행위라고 볼 수 있다.

## 3) 강박장애의 유형

강박장애의 내용은 매우 다양하기 때문에 여러 가지 하위 유형으로 구분될 수 있는데, 어떠한 기준을 적용하는가에 따라 구분되는 하위유형이 달라질 것이다. 기존에 강박장애의 특징적인 하위유형이라고 주목되어온 것들은 주로 외현적인 강박행동의 증상 내용에 따라 구분된 것인 경우가 많았다. 예를 들면, 강박적인 씻기행동, 확인행동, 반복행동, 정리행동, 수집행동 등이 있다.

이것과 같이 자주 등장하는 것이 외현적인 강박행동이 잘 드러나지 않는 강박적 반추 유형이나 내적 강박행동 유형이다. 대체로 어떠한 강박행동 증상을 보이는가에 따라 장애의 하위유형 구분이 이루어졌다고 볼 수 있다.

강박장애의 내용과 양상은 매우 다양하므로 이러한 몇 가지 하위유형이 강박장애의 모든 유형을 포괄적으로 제시하고 있다고 볼 수는 없다. 그처럼 모든 강박장애 양상을 포괄할 수 있는 하위유형을 제시하려고 한다면 이것은 '강박적인 욕심'일 것이다. 이 책에서는 대체로 현재까지 여러 임상가와 연구자에 의해 강박장애의 특징적인 하위유형으로 관찰되고 논의되어온 주요 유형을 중심으로 살펴볼 것이다. ◆

# 3. 외현적 강박행동

## 1) 강박적인 씻기행동

병원 복도와 계단을 따라 흰 가운을 입은 사람과 오만상을 찌푸린 환자복 차림의 네 사람이 일렬로 걷고 있다. 한 사람은 수건을 들고 있고 나머지 세 사람은 손을 어정쩡하게 벌린 자세로 마치 맨손에 똥이라도 묻은 것 같은 모습이다. 일렬로 화장실을 주욱 들어갔다가 안절부절못하며 얼굴이 시뻘게져서 주욱 나왔다가는 다시 위층으로 올라가 화장실로 들어갔다 나오기를 반복한다. 이것은 오염에 대한 강박사고와 씻기 강박행동을 가진 환자들에 대한 노출치료 장면이다.

한 사람씩 들어가 변기를 쓰다듬는다. 두 번째, 세 번째 사람으로 갈수록 앞사람이 한 번 쓸었으니 좀 덜 더럽겠지 하며 줄을 잘 선 것에 대한 안도의 한숨을 내쉰다. 그런데 아뿔싸,

이게 웬일인가! 한 명씩 돌아가면서 수건에 손을 닦게 하는데, 이번에도 앞사람부터 손을 수건에 문지르니, '으악!' 뒤늦게 안도의 숨을 내쉬며 변기를 만졌던 마지막 사람은 벙어리가 되어 얼굴만 붉으락푸르락 어쩔 줄 몰라 한다.

이들은 어떤 물건이나 상황에 의해 오염되는 것에 대한 강박사고에 사로잡혀 있는 사람들이다. 신체 분비물, 병균, 질병, 화학물질 등이 그 예가 될 수 있다. 오염에 대한 두려움과 불안감을 떨쳐버리기 위해서 이들은 과도하게 손을 씻거나 매우 의례화되어 있는 장시간의 샤워를 하고, 몇 시간 동안 집안 청소를 하는 등의 강박행동에 몰두하게 된다. 어떤 경우에는 이러한 세척행위가 죽음이나 질병에 대한 두려움에서 비롯되는 예방적인 행위이기도 하지만, 대부분의 경우에는 '이미 오염되었다'는 극도의 불안감으로부터 안정감을 회복하기 위한 행위로 수행된다.

## (1) 씻기행동의 비합리성

강박적인 씻기행동을 보이는 환자는 일시적인 평정 상태를 유지하고 있을 경우에는 대개 자신의 세척행위가 얼마나 비합리적이고 비이성적인지를 잘 인식한다. 이들은 다양한 공공장소에 가는 것이나 사람들과 혹은 사람들이 만졌던 물건과 접촉하게 되는 것을 매우 꺼린다. 이들에게 "왜 그토록 씻는

가?"라고 물으면 이들은 먼지나 오염된 물질을 제거하기 위해
서라고 말한다. 보다 장기적인 목표와 의도는 자신은 물론이
고 자신과 접촉하게 될 사람들의 건강과 안전을 보장하기 위
한 것이라고 그럴듯한 대답을 한다. 하지만 강박행동을 반복
하는 의도에 대해 집요하게 질문해 들어가다 보면 이들 역시
자신의 행위가 얼마나 비이성적이고 지나친 것인지를 비교적
명확하게 인식하고 있음을 알 수 있다.

　도대체 어떤 종류의 질병을 두려워하는 것인지, 또 그러한
병에 걸릴 가능성이 얼마나 된다고 여기는지 물어보면 그 대
답은 극히 모호해진다. 이들은 대부분 구체적으로 어떠한 질
병에 대해서 걱정하기보다는 막연하고 비합리적인 공포와 두
려움을 느끼고 있는 경우가 많다. 이들은 위험의 확률을 과도
하게 평가하는 면에서 명확히 비합리적인 사고를 보이며, 이
러한 강박사고에서 비롯되는 강박행동의 수행에서도 명백하
게 비합리적인 면을 나타낸다.

　심지어는 강박적인 씻기행동을 보이는 환자에게서 마술적
인 성격의 행동을 찾는 것이 그리 드문 일은 아니다. 이것은
뒤에서 다룰 '반복행동 유형의 강박장애' 환자에게서 잘 나타
나는 것으로, 강박사고와 강박행동 간의 논리적인 연결이 결
여되고 마술적인 연관을 띠고 있는 것을 의미한다. 예를 들어,
한 환자는 부모에게 난폭한 행위를 저지르는 강박사고에 시달

리고 있다. 이 환자는 이 생각에서 오는 과도한 죄책감과 책임
감을 중화시키기 위해서 매일 50회씩 강박적으로 손을 씻는
다. 이러한 강박행동은 상식적인 측면에서 볼 때 현실적인 방
식의 대처행동으로 보기 어렵다.

　이들은 자신이 경험하는 불안감이 오염에 직결되어 있는
것으로 믿기 때문에 즉각 오염 부위를 씻어내 일시적인 안정
감을 되찾게 된다. 강박적인 세척행위는 더러워진 상태를 자
신이 원하는 무흠무결의 심리적 청결 상태로 되돌리기 위한
노력이라는 점에서는 다소 마술적인 회복 조치라고 볼 수 있
다. 이들은 외출을 삼가고, 개미 한 마리 들어오지 못하도록
문단속을 철저히 하며, 외부의 어떤 물건도 신중하게 확인하
기 전에는 집 안에 들여놓지 않으려 한다. 또한 이들에게는 낯
선 사람과 접촉하게 되는 것도 너무 위험한 일이다. 자기가 늘
닦고 확인하는 물건을 제외하고는 집 안의 물건조차 만지기를
꺼린다. 극단적인 형태로는 집의 창문과 모든 출입구를 봉쇄
한 채 외출을 삼가고 오염되지 않았다고 생각하는 좁은 공간
에 갇혀 대부분의 시간을 보내기도 한다.

　구체적으로 오염에 대한 두려움과 씻기 행위를 강박 증상
으로 보이는 몇몇 환자의 예를 보자.


　　김 씨는 20대 초반의 여성으로 다른 사람들에게 전염병

을 옮길까 봐 몹시 두려워하는 것을 주 중상으로 가지고 있다. 특히 아이들이나 노인 혹은 접촉할 기회가 많은 친척들에게 병균을 전파시킬까 봐 무척 두려워한다. 김 씨는 구체적으로 어떻게 성병에 감염되고 전염되는지에 대한 지식은 없었다. 그저 막연하게 성병균이 혹시라도 전달되면 어떡하나 하는 생각에 두려워한다. 남자들은 자위행위를 하며 손에 정액을 묻히기 때문에 성병균을 손에 묻히고 다닐지도 모른다는 생각에 남자들과는 일체의 접촉도 하지 않으려고 한다. 여자들에 대해서는 혹시 생리 중이 아닐까 생각하고 성병균이 상대의 온몸을 감싸고 있을 것 같다는 비현실적인 두려움을 느끼며 거리를 유지하려고 한다.

김 씨는 피할 수만 있다면 조금이라도 오염의 위험이 있어 보이는 대상과는 접촉하지 않기 위해서 부단한 노력을 했다. 옷가지를 비롯한 소지품들을 반복적으로 씻었고, 오염물질이 많다고 여겨지는 공공장소에는 가지 않으려 했다. 식구들에게 병균을 감염시키지는 않을까 몹시 두려워하였다.

샤워를 할 때에도 자신의 성기 부위에서 혹시 균이 묻어 나오지는 않을까 두려워했기 때문에 매우 의례화된 순서에 따른 샤워를 했다. 우선은 머리부터 감고, 발을 씻은 다음, 상체와 다리를 씻었다. 제일 오염되었을 것으로 보이는 성기 부분은 가장 나중에 씻었다. 혹시라도 이러한 의례화된 순서를 따르는 데 실패하여 성기 부위를 씻은 후 잘못해서 어깨라도 한번 만졌다면 다시 처음부터 샤워를 시작해야 했다. 샤워에 소모되는 시간은 아침, 점심, 저녁 각각 두 시간 이상이었으며, 찝찝한 외출이라도 하고 올 때면 세 시간 이상을 샤워에 소모했다. 손 씻는 시간, 샤워하는 시간, 소지품을 닦고 청소하는 시간에 드는 총 시간은 대략 아홉 시간 정도였으니 깨어 있는 시간의 절반 이상이 씻고 닦는 데 소모되었다.

박 씨는 42세의 여성으로 무려 25년 이상을 손 씻기와 집 안 청소에 '몸 바쳐' 온 환자다. 일을 하자면 손을 가만히 둘 수는 없는 노릇이니 박 씨의 고민이 이만저만이 아니었다. 사실 고민이라는 말로만은 턱도 없이 부족하며, 박 씨의 삶은 차라리 피폐화되고 황폐화되고 말았다고 이야기하는 것이 나을 것이다. 남편과의 관계는 물론 사회적인 관계 역시 거의 최악이 되어버렸다. 쓰레기통, 화장실, 카펫 등 조금이라도 먼지가 묻어나올 만한 곳에 접촉한 후에는 바로 손을 씻고 또 씻기를 반복하였다. 손을 씻지 않으면 금방이라도 병에 걸릴 것 같은 생각에 불안감을 떨쳐버릴 수가 없었다.

박 씨는 고등학교 시절에도 쉬는 시간에 화장실에 가야 할 때면 곤혹스럽기 짝이 없었다. 화장실 문을 건드리는 것조차 끔찍하게 여겼기 때문에 발로 툭 차고 뛰어 들어갔으며, 나중에는 화장실 문에 발이 닿는다는 것조차 순식간에 오염될 수 있다는 생각이 들자 남들이 문을 열고 들어가는 순간을 잘 포착해서 틈새로 끼어들어 갔다. 일을 보고 난 후에 손을 씻을 때도 수도꼭지를 만지는 것이 여간 찝찝한 일이 아니었기 때문에, 친구들이 손을 씻고 있을 때 "미안해"라며 얼른 손을 씻고 내빼듯 도망쳐왔다.

집에서 손을 씻을 때는 우선 수도꼭지를 씻는다. 그러고 나서는 다시 손을 씻고 난 후에 이제는 손이 어느 정도 깨끗하다고 생각이 되었기 때문에 더러운 손으로 씻었던 수도꼭지를 다시 씻어 깨끗하게 만든다. 이제 수도꼭지는 깨끗해졌지만 다시 손에 더러운 것이 묻었을 것 같기 때문에 손을 깨끗이 또 씻는다. 그러고 나서 수도꼭지를 잠그면서 손과 수도꼭지를 전체적으로 한 번 헹궈주면 손을 한 번 씻는 것이 된다. 이렇게 하루에 50번을 씻는다고 생각해보라. 상상이 되는가? 박 씨는 화장실의 비누를 3일에 하나씩 갈아야 했다.

그렇다면 이들이 보이는 의례적인 씻기 행위에 대해 '비정상'이라고 말할 수 있는 객관적인 기준이 있는가? 물론 명확한 경계가 있는 것은 아니다. 그러나 앞서 논의한 이상행동의 기준에 근거할 때, 이들이 반복적인 씻기행동으로 겪는 일상생활의 심각한 장애는 이들의 강박행동이 명확히 병적임을 보여준다. 앞에 제시된 예들은 오염에 대한 공포스러운 강박사고와 씻기에 몰두하는 강박행동을 겪는 환자들에게서 쉽게 관찰되는 유형의 강박장애의 단면이다.

## 2) 강박적인 확인행동

강박적인 확인행동은 어떤 결함이나 실수 혹은 사고에 대해 '의심하고' 두려움을 느끼며, 이를 방지하기 위한 의도에서 반복적으로 수행되는 행위를 말한다. 확인행동은 대체로 일정하게 굳어진 의례적인 방식으로 수행되며, 주로 실수나 사고로 인한 피해를 방지하기 위한 예방 내지는 검토의 의도를 띤다. 흔히 등장하는 강박적인 확인행동의 소재로는 문단속, 가스밸브, 난로, 재떨이 등을 들 수 있다. 이해를 돕기 위해 강박적 확인행동을 보이는 몇몇 환자의 경우를 예시해보겠다.

정 씨는 20대 후반의 남성 환자로 남을 해치게 될 것에 대한 두려움으로 인해 반복적으로 확인행동을 한다. 정 씨는 참을 수 없는 생각들이 계속 침투해 들어오고 여기서 비롯되는 강박적 확인행동을 견딜 재간이 없기 때문에 운전을 할 수 없었다. 생각의 내용은 주로 누군가를 차로 치게 될 것 같거나 누군가를 차로 치고 지나온 것은 아닐까 하는 것이다. 이렇게 되면 온 길을 몇 시간이고 되돌아가서 아무도 자신으로 인해 다친 사람이 없다는 것을 확인해야만 했다. 그래도 안심이 되지 않아서 주차를 시킨 후에 바퀴에 핏자국이 묻어있지는 않나 살펴보아야 하고, 심지어는 다음 날 조간신문을 사서 누군가 사고를 당했다는 소식이 있지는 않은지 확인해보아야 그나마 안심이 되었다.

최 군은 19세이고 큰 슈퍼마켓에서 매장의 물품 및 기자재 관리를 도맡아 하고 있는 청년이다. 최 군은 본래부터 소심하고 작은 일에도 크게 놀라 새가슴마냥 심장이 콩닥콩닥거리고 늘 걱정을 만들어 끌어안고 살아가는 사람이었다.

그는 이 슈퍼마켓에서 일한 지 1년 후부터 본격적으로 강박 증상이 나타나기 시작하였다. '혹시 무슨 문제가 생기지 않을까? 무슨 사고라도 나면 어떻게 하지?' 하는 생각이 수시로 엄습하여 밤늦도록 퇴근을 할 수가 없었다. 몇 시간이고 남아서 매장 곳곳에 나 있는 출입문과 창문을 확인하였다. 전열기구, 실내조명, 간판 조명 등 전기를 사용하는 모든 제품이 안전한지 확인해야만 집에 갈 수 있었다. 전열기구를 하나라도 켜놓아서 불이라도 나게 되면 모든 것이 자신의 책임이라는 생각이 들었기 때문에 도저히 확인하는 것을 멈출 수가 없었다.

집에 가다가도 무언가 확인하는 것을 빠뜨렸다는 생각이 들기 시작하면 아무리 늦은 시간이라도 지친 몸을 이끌고 다시 매장으로 돌아와서 확인해야만 했다. 99% 정도로 안전하고 1%만 사고위험성이 있다고 알시라도 최 군은 좀처럼 1%를 무시하지 못했다. 확인하지 않은 1%로 인해 매장 전체가 타고 자신은 해고되어 철창에 갇히는 신세가 되고, 매장주는 거지가 되어 길에 나앉는 것으로 생각이 미치자 그에게 1%는 더 이상 1%가 아니었던 것이다.

위의 예는 강박적인 확인행동에 집착하는 사람들의 생활의 일면을 보여준다. 이들이 확인행동을 하다가 멈추게 되는 것은 안전에 대한 확신이 들기 때문이 아니다. 일종의 심리적 또는 신체적 피로감에 의해서, 혹은 어떤 마술적인 이유에 의해서 확인행동을 멈추는 경우가 많다. 최 군처럼 종일 고되게 일하고 밤중에도 남아서 끔찍한 사고에 대한 두려움을 느끼고 초긴장 상태로 두세 시간을 확인행동에 소모하고 나면 어느 장사라고 기운이 남아 있겠는가?

어떤 경우에는 마술적인 이유에 의해서 반복행위가 중단된다. 예를 들어, 어느 날 어떤 이유인지 모르지만 문을 일곱 번을 열었다 닫았다 했더니 평상시에 느낄 수 없었던 편안함을 느꼈고 몸의 긴장이 풀어지는 경험을 했다고 하자. 그다음 날부터 환자는 일곱 번이라는 숫자에 특별한 의미를 부여하고는 마치 주문을 외듯이 확인행동을 꼭 일곱 번까지만 반복하기 시작한 것이다.

이들에게 확인행동에 대한 압박을 느끼게 만드는 자극 상황은 오자가 들어있거나 계산이 틀렸을지도 모른다는 등 실수에 대한 의심, 외출할 때의 문단속, 전열기구, 금고문 등의 단속에 대한 것, 운전할 때 보행자나 다른 차를 치지는 않았나 하는 의심 등이 있다. 이들에게 있어서 강박사고란 다음과 같은 식으로 떠오른다. 창문은 전부 잠겄나? 아이에게 약을 너무 많이 주고 온 것은 아닐까? 자동차의 사이드 브레이크를 잠궈 놓았나? 비탈로 굴러 아이들을 치면 어떻게 하지? 차를 몰고 오다가 누구를 치고 온 건 아닐까? 음식에 유리조각이 들어있으면 어떻게 하지?

생각해보라. 만일 이와 같은 '의심'이 떠올랐을 때, 그리고 그와 같은 끔찍한 일이 일어날 가능성이 높다고 생각되고 도저히 감당할 수 없는 그런 엄청난 일이 다 자신의 책임이라는 생각이 든다면 어느 누가 확인행동을 하지 않을 수 있겠는가?

## (1) 반복해서 확인할 수밖에 없는 이유

강박적인 확인행동을 하는 것은 강박적인 씻기와 마찬가지로 강박사고에서 유발된 불안감을 감소시켜주지만, 씻기의 의례행위처럼 그 효과가 일관적이고 늘 예측 가능한 것은 아니다. 앞에서 잠시 언급했지만, 강박적 씻기행동에서는 의례행위의 효과가 비교적 확실하게 즉시적으로 나타난다. 손을 씻어 손에 묻은 때를 즉시 씻어낼 수 있듯이, 반복적인 의례적 씻기를 통해 불안이라는 마음의 오염을 즉시 씻어낼 수 있는 것이다. 하지만 확인과 관련된 실수나 사고 등에 대해 의심하며 집착하는 환자들은 '보이지 않고, 실현 가능성이 적으며, 또는 아예 가상적인 사고나 실수'에 대한 두려움을 가지고 있다.

이들은 좀처럼 발견될 수 없는 오점을 찾아내려고 노력한다. 상식적인 수준에서 생각할 때, 뭔가 더러운 것이 묻은 것 같아서 닦아내는 것과 보이지도 않는 유리조각을 바닥에서 찾아내는 것 중에서 어떤 것이 더 어려운 일이겠는가? 이런 맥락에서 생각할 때 강박적인 확인행동은 씻기 행동에 비하여 즉각적이고 안정적인 불안감소 효과를 주지 못하는 것이 당연할 수도 있다. 물론 오염과 관련해서도 사실상 보이지 않는 오염물질이나 가상적인 오염을 닦아내기 위해 오랜 시간을 보내기도 하지만, 의례행위 자체의 속성상 강박적인 확인 행동은 자족감을 주는 수준까지 달성되기가 보다 어려운 것으로 보인다.

강박적인 확인행위자들이 추구하는 것은 일말의 가능성을 상정하고 실수나 사고의 오류를 잡아내려는 것이다. 이들의 배후에 작용하는 강박사고는 '혹시 이렇게 되면 어떻게 하지?'와 같은 '의심'이다. 이것은 사실상 아무리 확인행위를 한다고 해도 여전히 침투해 들어올 수 있는 생각이다.

게다가 이들에게 의례행위의 표적은 때로는 매우 비현실적인 것들이어서 오염을 씻어내는 것처럼 간단하지 않은 경우도 많다. 예를 들어, 쓰레기통 속에 아기가 들어있을 리 만무하지만, 이들은 일말의 극단적인 가능성을 위해 반복적으로 확인 행동을 한다. 강박적으로 씻는 사람들은 오염의 근원을 회피하다가 일단 오염되었다고 여기는 순간부터 이를 씻어내려고 애쓴다. 반면에 강박적으로 확인하는 사람들은 반복적으로 떠오르는 의심과 불안감을 떨쳐내기 위해 일말의 티끌 같은 오점과 실수를 찾아내고자 헤매는 경우가 많다.

### (2) 책임감을 줄일 수만 있다면

확인행동 환자들은 씻기행동 환자들과는 달리 여러 사람과 같이 있는 상황에 의해 많은 영향을 받게 된다. 이들은 혼자 있을 경우에는 강박적 확인에 대한 충동과 압박을 강하게 받지만, 여러 사람이 함께 있을 경우에는 비교적 불편감의 강도가 감소하고 확인행동에 대한 압박도 약해지는 것 같다. 즉, 사회적인 요인이 강박적 확인행동에 개입하고 있음을 의미하는 것이다. 뒤에서 보다 자세히 설명하겠지만, 특히 확인행동과 관련된 강박장애 환자들은 예상되는 실수나 사고에 대하여 과도한 책임감을 지각하는 사람들이다.

이들은 사람들이 주변에 있을 경우, 무엇보다도 이들이 신뢰할 수 있을 만한 사람들이 있을 경우에는 자신의 책임감을 그들과 나누게 됨으로써 의례적인 강박행동에 대한 부담과 압박을 덜 느끼게 된다. 자기 집 문단속에는 온 신경을 곤두세우면서도 남의 집에서 나올 때는 창문 걸쇠가 풀려 있는지, 다리미가 카펫에 눌어붙었는지, 가스 불이 천장을 달구고 있는지 별로 개의치 않는다.

확인행동을 하는 강박장애 환자는 처음 병원에 입원하게 되면 일시적으로 확인행동이 줄어든다고 한다. 상황의 변화로 확인의 대상이 감소하는 것에도 일차적인 원인이 있겠지만, 자신이 개입하고 관여하던 상황이 아니므로 그만큼의 책임감을 느끼지 않기 때문이다. 그러나 시간이 흐르고 자신이 처한 상황에 익숙해지기 시작하면 다시 과도한 책임감이 발동하고 확인행동이 서서히 고개를 내밀기 시작하는 경우가 많다고 한다.

모든 강박적 확인행동이 혐오스러운 사건을 방지하기 위한 일환으로 수행되는 것은 아니다. 만일 강박적 확인행동을 자신이나 가족 또는 낯선 사람에 대한 위해를 방지하기 위한 것으로 본다면, 왜 지나간 과거의 일에 대해 계속해서 확인하는가에 대한 의문이 생긴다. 집을 나서기 전에 계속해서 전열기와 수도, 전기 스위치 등을 확인하는 것은 명백히 예방적 행위로 이해할 수 있지만, 며칠 전에 자동차 사고가 발생했는지의 여부를 계속해서 확인하려는 환자의 행동은 설명하기가 어렵고 그 안에 어떠한 예방적 의미가 담겨있는지가 모호해지기 때문이다.

아마도 이것은 스스로를 향한 비난죄책감 혹은 타인으로부터 날아드는 비난이나 처벌을 회피하기 위한 동기에서 비롯되는 것으로 해석할 수 있을 것이다. 강박적 확인 환자들은 자기 자신에게 돌아오는 비난이나 죄책감을 회피하기 위한 조치를 취하고 있는 것이다.

### 3) 강박적인 지연행동

강박장애 환자들 중에는 꾸물거리고 지연시키는 행동이 주요 증상인 환자들이 있다. 물론 강박장애 환자가 반복적이고 의례화된 강박행동에 몰두하고 있는 한 지연행동을 필연적으로 나타낼 수밖에 없는지도 모른다. 그런데 소수의 강박장애 환자의 경우에는 이러한 지연행동이 다른 의례행위에서 비롯되는 부차적인 결과가 아니라 그 자체가 일차적인 강박 증상으로 나타난다.

양치질을 하는 데 무려 30분이 걸리고, 면도를 하는 데는 한 시간이 걸리며, 목욕을 하는 데는 무려 두 시간이 걸린다. 이들이 중간에 또 다른 강박행동을 하는 것은 아니다. 그저 아침에 일어나 양치하고 면도하고 샤워하는 데 그토록 많은 시간이 소모되는 것이다. 대부분의 경우에 이러한 강박적인 지연행동은 자기관리행동과 같은 간단하고 일상적인 수행 과제에서 나타나는 것이 보통이지만, 때로는 직무를 수행할 때 나타나기도 한다. 간단한 서류 하나를 작성하는 데 한 시간이 걸린다고 생각해보라. 거의 직업생활이 불가능하거나 매우 고달픈 하루하루를 보내게 될 것이다.

이 군은 하루를 시작하며 씻고 옷을 입는 데 자그마치 여섯 시간을 소비했다. 면도를 할 때는 턱수염 한 올 한 올을 각각 잘라내야만 한다고 느꼈고, 구두끈을 묶을 때는 정확하게 양분된 리본 모양으로 날마다 똑같게 묶어야만 한다고 생각했다. 씻고 입는 행동은 보통 사람들에게는 세수하고,

양치하고, 화장품을 바르고, 옷 입는 정도의 서너 가지 행동
으로 구분되겠지만, 이 군에게는 이것이 수없이 많은 자잘
하고 세세한 행동으로 구분되었다. 또한 날마다 똑같은 고
정된 방식으로 이루어져야 한다고 느꼈다.

대개의 경우 강박지연행동을 보이는 환자는 자신의 강박적
이고 지나치게 꼼꼼한 수행에 대해 저항감을 느끼지 않는다.
그래서 일단 나타나면 만성화되는 것이 보통이며, 최악의 경
우 한 사람을 거의 아무것도 할 수 없는 피폐한 존재로 만들어
놓는다. 이들이 사회적으로 고립되고 외톨이로 지내게 되는
것도 당연할 것이다.

이들을 사로잡고 있는 강박사고가 어떤 것인지에 대해서는
많은 연구가 이루어지지 못한 듯하다. 일차적으로 강박지연행
동을 주 증상으로 하는 환자도 내면에는 대칭이나 정확성, 의
례화된 순서 등 저마다 다른 내용의 강박사고를 지니고 있는
것으로 보인다.

## 4) 강박적 반복행위 유형

강박장애라고 하면 그 생각과 행동이 원치 않음에도 반복
된다는 것이 정의적인 특징이지만, 반복적인 씻기행동이나

확인행동 등을 주 증상으로 하는 환자와는 다소 차이가 있는 '반복행위 유형'이라고 불릴 만한 사람들이 있다. 그들의 가장 두드러진 특징은 강박사고와 이에 수반되는 의례화된 강박행동 간의 연결이 논리적으로 설명되지 않음에도 증상이 반복되고 있다는 점이다.

다른 강박장애 유형은 씻기, 확인, 정리, 지연행동 등 주로 반복행위의 내용이 무엇인가에 따라 이름을 붙인다. 이는 '더러워진 것 같아서 씻는다' '사고가 날 것 같고 실수가 있을 것 같아서 확인한다'와 같이 강박사고와 강박행농 간에 논리석으로 잘 설명되는 연계가 존재하고 있기 때문이다. 더러워진 것 같다면 거의 본능적으로 '씻어야 한다'는 대답이 떠오르지 않는가? 문이 열려서 누군가가 침입할지도 모른다는 생각이 들면 당연히 문단속을 재확인하는 것이 논리적이고 이성적인 대처행동일 것이다. 반면에 강박적 반복행위 유형에서 보이는 강박사고와 강박행동의 결합은 강박적인 씻기나 확인행동에 비하여 보다 마술적인 연계에 근거하는 것 같다. 다음 사례를 보자.

조 군은 기독교 집안에서 자라난 신앙이 두텁고 신실한 청년이다. 그는 신체 발육 과정의 이상으로 스무 살인데도 키가 150센티미터가 채 못 된다. 학교에서는 늘 난쟁이라고 놀림을 받아 친구들과 어울리거나 사람들 앞을 걸어 다니는 것이 괴로웠고, 그럴수록 더더욱 신앙의 힘으로 자신의 복잡하고 괴로운 심정을 달래보려고 노력하였다.

조 군에게 강박장애 증상이 시작된 것은 열일곱 살 때부터였다. 하루는 예배를 드리고 교회를 나서려는데, 자신이 점프하여 키가 큰 목사님의 따귀를 때리는 이미지가 떠올랐다. 너무 갑작스럽고 해괴하기 짝이 없는 생각이어서 스스로도 어안이 벙벙하고 어리둥절해졌지만, 그 이미지는 너무나 선명하게 뇌리에 박혔다. 그러자 조 군은 가슴이 철렁 내려앉고 온몸이 짓눌리는 듯한 죄책감을 느끼기 시작했다. '이런 생각을 하다니, 나는 너무 끔찍한 사람이구나. 이런 생각이 내 마음에 떠올랐다는 것은 내가 이것을 정말로 원하고 있음을 말하는 것인지도 모르겠다'고 생각하였다.

시간이 지날수록 교회에 올 때마다 이런 생각이 자꾸 떠올랐고 나중에는 교회를 떠나서도 끊임없이 떠올랐다. 이제는 목사님의 따귀를 때리는 것뿐만 아니라, 키 큰 목사님을 바닥에 눕혀 밟아 짓누르는 모습까지 떠올라 도저히 감당할 수 없을 지경이 되었다. '오 하나님…!' 곧 정의로운 신의 재앙과 처벌이 자신에게 임박할 것 같고 지옥불에 떨어질 것만 같은 불안감에 견딜 수가 없었다. 도저히 집중이 되지 않아서 예배시간에는 좌불안석이었고, 목사님의 얼굴을 처다보는 것조차 너무 민망하고 자기 발자국이 그의 이마에 찍혀 있을 것 같아서 고개를 들 수가 없었다.

조 군은 자신에게 이러한 생각이 떠오를 때, 자신이 하고 있던 행위를 반복하게 되면 불안이 감소한다는 것을 발견했다. 이러한 행위는 또한 매우 구조화되고 고정된 순서에 따라 엄격하게 수행되었으며, 조금이라도 틀리면 처음부터 다시 해야만 했다. 머리를 빗다가 그 생각이 떠오르면 우측 옆머리를 네 번 쓰다듬고, 다음은 좌측을, 그다음은 다시 전후좌우를 두 번씩 빗는 동작을 반복했다. 이렇게 해도 가만히 안전하게 서 있는 목사님의 이미지를 떠올릴 수 없다면 처음부터 반복하였다. 이렇게 하는 것이 자신이 목사님을 걷어차고 짓밟는 생각과 무슨 상관이 있는지는 알 수 없지만, 이렇게 함으로써 불안감을 떨쳐버릴 수 있었기 때문에 조 군은 반복행위를 멈추지 않았다. 일종의 마술적인 힘을 지녔다고 믿게 되었던 것이다.

나중에는 목사님을 걷어차는 것뿐만 아니라 보다 심각하게 신성모독적인 생각도 떠올랐다. 어느 날부터 목사님의 따귀를 때리며 신에게 거친 욕설을 내뱉는 자신의 극악무도한 모습이 떠오르기 시작한 것이다. 그러자 정신이 아찔해져 땅으로 꺼지고 질식할 것만 같았다. 결국 조 군의 반복된 행위는 더욱 정교화되고 고정적인 방식에 따라 엄격하게 수행되었고, 거기에 더해서 마치 주문처럼 굳어진 자신만의 기도문을 정해진 횟수만큼 정해진 억양과 어조로 외우는 반복행위도 하게 되었다. 조 군은 나중에 창백한 얼굴에 지칠 대로 지친 목소리로 자신은 신성모독적인 생각과 싸우기를 하루에 무려 여덟 시간씩이나 하였다고 말했다.

이러한 강박적 반복행위를 유발하는 상황은 매우 다양하며 어떤 경우에는 신성모독적인 생각과 같이 명확한 외부자극 없이 내면에서만 진행되는 경우도 있다. 불안감, 수치심, 죄책감, 혐오감을 유발하는 생각이나 이미지 또는 충동에 대해서 강박적 반복행위 증상이 나타나곤 한다. 예를 들어, '남편에게 끔찍한 사고가 난 것 같다' '우리 아이가 죽을 것이다' '내 딸이 학교에 다녀오다가 폭행을 당할 것이다'와 같은 생각들이 떠오르는 순간, 자신이 하던 행동을 '이제는 됐다. 이제는 괜찮다'는 막연한 느낌이 들 때까지 반복하는 것이다. 독서 중에 읽던 단락을 계속 반복해서 읽어야 할 수도 있고, 걸어 내려오던 계단을 반복해서 오르락내리락해야 할 수도 있다.

어떤 주부는 하루에도 수도 없이 떠오르는 '남편이나 딸이 교통사고를 당해 치명적인 부상을 입게 될 것 같다'는 생각으로 인해 어쩔 줄 몰라 하며 하루에도 수십 번씩 옷을 입었다 벗었다 하는 반복적인 강박행동을 나타냈다. 그것도 간단한 것이 아니고 특정하게 고정되고 의례화된 순서에 따라 엄격하게 수행하였다. 우선 양말부터 시작하여 상의를 입었다가 다시 양말을 벗고 다시 치마를 입었다가 벗고⋯. 옷을 입었다 벗었다 하는 것과 남편이나 딸이 사고를 당하는 것 간에는 아무런 논리적인 관계도 없지만, 이 환자에게는 이것이 군건하게 연결되어 불편감을 감소시켜주고, 어느 정도까지는 이러한 자신의 '마술적인' 행동이 사고를 방지해줄 것이라는 데에서 막연한 안도감을 느꼈다.

요컨대, 강박적 반복행위 역시 하나의 강박행동으로서 불안감을 감소시켜주는 등 과정적인 측면에서는 다른 강박행동과 유사점이 많음에도 강박사고와의 현실적인 인과관계가 성립되지 않는다는 것이 특징적이다. 게다가 이러한 행위가 자신의 강박사고에 담겨 있는 나쁜 일의 발생을 방지해줄 것이라는 막연한 믿음이 있기도 하니 여기에는 다소 마술적이고 미신적인 속성이 잠재되어 있다. 일단 이들에게 강박사고와 반복행위가 견고하게 맞물리고 난 후에는 아무런 관계도 없어 보이는 이러한 자신만의 행위를 반복하지 않으면 정말로 나쁜 일이 일어날 것이라는 생각을 하게 되는 것으로 보인다.

그런데 한편으로는 이들의 강박행동이 당연하고 합리적인 것처럼 보이기도 한다. '성병균이 손에 묻은 것 같고' '마룻바닥에 유리조각이 떨어져 있는 것 같고' '당장 눈앞에 책이 어지럽게 들쑥날쑥 꽂혀있고 균형이 안 맞는 게 눈에 거슬리는 상황'에서는 적어도 뭔가 '할 것'이 있는 것 같다. 누구나 손을 씻고, 바닥을 쓸고 확인하며, 정리정돈을 하게 될 것이다. 이런 상황에서는 대부분의 경우에 강박사고와 강박행동 간의 관계가 논리적이고 문제해결적인 의도와 목적을 띠고 이루어질 것이다.

반면에 얼토당토않은 신성모독적인 생각, 말도 안 되는 혐오스러운 성행위가 머릿속을 산란하게 만들어 놓는다면 그 상황에서 '무엇을 할 수 있겠는가?' 직접 행동으로 옮길 만한 해결책은 잘 떠오르지 않는 것 같다. 그러니 불안이 극에 달할수록 강박적인 반복행위와 같은 마술적이고 논리적이지 못한 방법에라도 매달리게 되는 것 같다.

### 5) 강박적인 정리정돈

강박적인 정리행동을 보이는 환자에게도 반복적인 강박행동 환자와 마찬가지로 반복행동의 목적이 다분히 모호한 경우가 많다. 대부분의 정리정돈 행동이 어떤 불행한 일을 막기 위한 불안감에서 비롯되는 것도 아니다. 이들의 행동 기저에 자리 잡은 것은 '사물을 제대로 맞춰놓아야 한다'는 완벽주의의 욕구인 것처럼 보이는 때가 많다. 많은 경우에 '대칭이나 균형'을 포함하는 질서정연한 상태에 대한 완벽주의적 추구가 밑바탕에 깔려있어 보인다. 이들은 사물을 가지런히 정해진 순서대로 배열하느라 몇 시간이고 소모하고, 누군가가 조금이라도 건드리면 격한 분노를 보이기도 한다.

> 오 씨는 30대 중반의 여성인데, 집 안의 모든 것을 특별한 방식에 의해 정리해야만 하는 강박증상을 가지고 있다. 각각의 사물을 정해진 위치에 각각의 특별한 각도로 배치해야만 한다. 초등학교에 다니는 아이들이 옷장이나 서랍을 만지고 나면 사물의 배열이나 정돈 상태가 흐트러지니 심기가 불편해져 아이들에게 소리를 지르기 일쑤였다. 하루 일과는 이 방에서 저 방으로 옮겨 다니면서 물건을 정돈하고 배열하며 식구들이 만진 것들을 원래 상태로 복구시키는 것이었다. 찬장에 양념통을 넣거나 냉장고에 음식을 넣을 때도 엄격한 균형과 대칭에 의해서 하지 않으면 견딜수가 없었다.

오래전에 대칭에 대한 강박행동을 소재로 한 TV 드라마가 방영된 적이 있었다. 다소 과장되기는 했지만 주인공의 집 안에는 시각적 대칭을 맞추기 위한 거울이 여러 개 걸려있고, 모든 사물이 대칭과 균형에 따라 배치되어 있었다. 주인공은 집에서나 직장에서 사물이 대칭으로 배치되어 있지 않으면 심한 불안감에 휩싸였다. 앉을 때도 책상의 정중앙에 자리 잡고 앉았으며, 무슨 일을 하든지 양손을 같은 식으로 사용해야 했다. 물을 마실 때도 늘 두 잔을 양손에 하나씩 쥐고 있어야 하고, 번갈아가며 균형에 맞게 마셔야 했다. 자신이 왜 이렇게 해야 하는지는 스스로도 알지 못했지만, 분명한 것은 대칭이 아니라는 것을 인식하게 되는 순간 눈앞이 노래지면서 금방이라도 천장이 무너져 내릴 것 같은 불안감에 빠져든다는 것이었다.

이 남자는 "자네 얼굴은 대칭이 아니네"라는 친구의 비꼬는 말을 듣고는 거울 앞에 서서 칼로 머리와 구레나룻을 대칭으로 만들었다. 결국에는 대머리를 만들고 난 후에도 두상이 좌우대칭이 아니라는 것을 깨닫고는 머리에 칼을 대다가 스스로 목숨을 해치고 마는 비극적인 결론으로 이야기가 종결된다. 물론 이것은 다분히 과장되고 몽상적이기까지 한 가상의 이야기다. 하지만 대칭이나 균형에 대한 완벽주의적인 추구가 어떤 사람에게는 얼마나 도에 지나칠 수 있는지 가늠해보게 해준다.

우리 주변에서도 여러 가지 형태로 정리정돈, 대칭, 균형, 조화, 비례에 집착하는 행동을 그리 어렵지 않게 관찰할 수 있다. 따분한 강의시간에 멍하니 낙서하며 시간이 가기만을 기다리고 있을 때, 알 수 없는 이런저런 도형을 그리거나 사람을 그리기도 하면서 그저 펜 가는 대로 종이에 끄적끄적하다가 정신을 차려보면 상당히 좌우대칭적인 그림을 그려놓게 되는 경우가 있을 것이다. 대칭은 사람들에게 안정감을 준다. 일상과 규칙을 뛰어넘는 예외적인 것들이 자기주장적인 현대인의 독특한 개성과 매력으로 인정되는 경우가 많지만, 기본적으로 누구나 비대칭보다는 대칭에서, 부조화보다는 조화에서 편안함을 느끼는 것은 우리 지각체계의 기본적인 습성인 것 같다. 이는 그 안에 담겨진 균형 때문인 듯한데, 사람들이 좌우가 더 대칭인 얼굴을 선호하고 호감을 느낀다는 심리학적 연구결과도 있다.

여러분 중에도 공부를 하기 위해서 책상에 앉으면 일단 책상과 책꽂이부터 정리해야만 하는 사람들이 있을 것이다. 책이 가지런히 키순서대로 정돈되어 있어야만 하고, 하나라도 뒤집혀 있는 것을 그냥 두고 보고 있으려면 마치 자기 속이 뒤집힐 것 같아서 견디지 못한다. 노트 필기를 할 때도 잘못 필기하면 반드시 수정액을 사용해서, 노트 어느 구석에도 북북 그은 검댕이 표시가 없어야만 한다. 오자를 두 줄로 긋고 위에 겹쳐 쓰거나 옆에 다시 적는 것은 결코 용납할 수 없는 일이고, 수정액이 없으면 불안해서 필기를 할 수 없을 정도다. 책을 읽으려고 하면 반드시 줄을 긋기 위해 여러 가지 색깔의 펜을 준비해야만 하는데, 각 색깔의 밑줄이 의미하는 바는 다 다르다. '무질서하게' 이 색 저 색으로 밑줄을 긋거나, 한 가지 색으로 온통 밑줄을 긋는 것은 도저히 있을 수 없는 일이다.

여기까지 오면 대칭과 균형, 정리정돈이라는 행동의 맥락에서 다소 벗어나는 것처럼 보이기도 하지만, 근본적으로 일관적이며 예외를 찾아볼 수 없는 완벽한 상태를 만들어야 한다거나 조금의 오차 혹은 허점도 허용해서는 안 된다는 점에서 상통하는 행위로 볼 수 있다.

정리정돈에 대한 강박행동과 연결된 자극 상황은 책꽂이, 옷장, 책상 서랍 등의 사물이 엄격한 순서나 질서에 따라 배열되어 있지 않은 것, 누군가가 자신이 배열하고 맞춰둔 사물을 건드리는 것, 대칭적이지 않은 상태나 물건, 완벽하지 못한 상태나 물건 등이다. 대부분의 환자가 이러한 상황을 재빨리 '제대로 완벽하게' 맞춰놓지 않으면 너무 불편해서 견딜 수 없고, 드물게는 이렇게 하지 않으면 뭔가 불운한 일이 일어날 것이라고 생각하기도 한다.

하지만 많은 경우에 이러한 정리정돈 행동은 차후에 발생할지도 모를 어떤 걱정스러운 결과에 대한 두려움에서 비롯되지 않는다. 정리정돈에 대한 강박행동을 보이는 사람들도 물건이 자신이 원하는 완벽한 상태와 어긋나게 '어지럽혀져' 있기 때문에 어떤 파국적인 결과가 일어날 것이라고 걱정하지는 않는다. 그보다는 현재의 '불완전한' 상태에 대한 막연한 불편감으로 이러한 반복적인 행동을 유지하는 경우가 많다. '이 것은 맞지 않아. 이건 아냐' 하며, 자신이 원하는 방식으로 맞 춰져 '이젠 됐다'라는 느낌이 들 때까지 지속된다. 하지만 종 종 이들에게 '완벽한' 정리정돈 상태는 매우 주관적인 것이 다. 비록 남들의 눈에는 여전히 너저분해 보여도, 자기만의 방 식으로 정리하여 '이젠 됐다'라는 느낌이 들었다면 그것이 바 로 '완벽'이다. 이와 같이 강박장애에서 나타나는 완벽주의는 역설적인 경우가 많다.

## 6) 강박적인 수집행동

정리정돈을 하고 보이지도 않는 먼지를 닦아내기 위해 매 일 몇 시간의 중노동을 하는 강박장애 환자가 있는가 하면, 반 대로 집 안을 온통 난잡한 쓰레기더미로 만들어 놓는 강박장 애 환자도 있다. 수집행동과 관련된 강박장애 유형은 생활공 간을 난잡하게 만드는 것으로 유명하다. 이들은 '언젠가 필요 할 것'이라는 생각으로 필요 없어 보이고 심지어는 쓰레기로 취급될 만한 물건을 차곡차곡 쌓아 모은다. 나중에 이들이 정 말로 필요한 물건을 찾아내어 활용할 수 있을까? 정답은 아마 도 "아니요"일 것이다.

책을 읽을 때도 중요한 부분에만 밑줄을 그어야 줄을 긋는 의미가 있는 것이지, 중요하지 않은 모든 부분에 다 줄을 그어보라. 책만 너덜너덜해질 뿐이다. 물론 누구나 당장은 필요하지 않지만 언젠가는 쓸 만한 물건이 있으면 지하실이나 창고에 보관해둔다. 그러나 강박적인 수집행동은 여기에서 멈추지 않고 주거공간을 온갖 수집물로 가득 채워 일상생활에 심각한 지장을 초래한다. 한 초등학교 남학생의 사례를 살펴보자.

최 군은 어느 날부터인가 학교 가는 길에 발견하는 돌멩이를 주워 모으기 시작했다. 처음에는 손톱만한 돌멩이를 모아서 주머니에 넣어두었다가 집으로 가져오곤 하였다. 시간이 흐를수록 최 군은 눈에 보이는 돌이란 돌은 모조리 주워 모을 만큼 돌멩이 수집에 집착하기 시작했다.

처음에는 돌을 줍느라고 학교에 몇 번 지각을 하는 정도였지만, 나중에는 제대로 등교시간을 맞추기 어려워졌고, 학교에 가지 못하는 경우도 생겼다. 최 군의 좁은 방에는 온통 돌무더기가 쌓여갔다. 더 이상 앉을 곳조차 없을 만큼 난잡한 상태가 되어버렸음에도 최 군은 돌멩이 줍기를 멈추지 않았다. "백만 서른하나, 백만 서른둘, 백만 서른셋…."

## (1) 우표수집과의 차이

자신이 소중하게 생각하는 물건을 보관하거나 가치 있는 물건을 수집하려고 노력하는 사람들은 많다. 외국 주화나 기념우표를 수집하는 것, 또는 한 음악가의 앨범만을 끈기 있게 수집하는 것은 쉽게 찾아볼 수 있고, 누구나 한두 가지 정도는 수집하고 있을 듯하다. 하지만 강박적인 수집행동은 이러한 정상적인 수집행동과는 몇 가지 차이점을 보인다.

우선 강박적인 수집행동에서는 거의 쓸모없어 보이거나 낡고 가치 없는 물건들에 대해서 집착을 보인다는 점이 **중**요한 특징이다. 날짜가 지나 누렇게 바랜 신문을 차곡차곡 쌓아 모으거나 신문지에 끼워져 배달되는 광고지나 팸플릿을 모으는 등 그다지 중요해 보이지 않는 물건들에 집착을 보이는 경우가 많다.

또 다른 주요한 차이점은 생활공간이 난잡한 쓰레기로 가득 차게 된다는 점에 있다. 낡은 신문지든 돌멩이든 간에 이들의 수집물이 주거공간을 메우기 시작하면 문제가 여간 심각해지는 것이 아니다. 쓸모없어 보이는 물건을 버리지 못하거나 주워와서 주거공간을 가득 메우게 된다는 것은 강박장애로서의 수집행동을 정의해주는 중요한 요소다. 수집과 축적의 강박행동으로 인해 일상생활이나 학업 및 직업 기능의 수행에 지장이 생기는 것 역시 두말할 필요가 없다.

김 씨는 약 10여 년을 강박적인 수집행동으로 인해 고생
해왔다. 김 씨가 겪고 있는 '난잡함의 폐해'는 다음과 같다.
김 씨의 집에는 편히 발 뻗고 앉거나 자유롭게 움직일 수 있
는 방이 하나도 없다. 주방에는 어깨 이상의 높이로 잡다한
물건들이 잔뜩 쌓여 있고, 간신히 들어갈 수 있는 정도의 공
간만 트여 있을 뿐이다. 응접실에서도 앉을 수 있는 소파나
의자 같은 것은 눈을 씻고 찾아봐도 없다. '물건을 쌓아둘
만한 곳'에는 어김없이 누렇게 때가 낀 잡다한 서류철이나
쓸모없어 보이는 물건들이 가득 쌓여 있다. 부엌의 식탁은
식탁의 용도를 상실한 지 5년도 더 됐다. 그 위에 온갖 쓰레
기 같은 물건들이 산더미처럼 쌓여 있기 때문이다.

이러한 '난잡함'은 온 식구를 미칠 지경으로 만들었지만,
물건을 하나라도 건드리면 노발대발하고 버린 것은 청소차
를 불러 세워서라도 물건을 되찾아오고, 덤으로 한두 개의
쓰레기를 더 가지고 들어오는 김 씨를 생각하면 엄두도 낼
수 없는 일이었다.

이들은 자신의 수집물을 다른 사람이 만지거나 다른 곳으
로 옮기거나 치우는 것에 대하여 과도한 불안감을 느끼며, 수
집행동에 몰두하느라 정상적인 생활을 할 수 없다는 것을 제
외하고는 자기가 수집한 물건이나 수집행위 자체에 대해서 그

다지 심한 불편감을 느끼지 않으며, 오히려 신줏단지 모시듯 수집물을 관리하는 경우가 더 많다.

씻고 확인하는 강박장애 환자는 그렇지 않으면 일어날 끔찍한 일을 두려워하면서 어쩔 수 없이 해야만 하는 자기의 행동에 대해 불편감을 느낀다. 그러나 수집하는 강박장애 환자는 자기의 행동이 그다지 불편하지 않고 자기 행위에 대해 저항하거나 억제하는 노력을 거의 기울이지 않는 것 같다. 이들이 병원을 찾게 되는 것도 주변 사람들이 너무 괴로워 떠미는 경우가 대부분이다.

이들에게는 단지 '보물'이 너무 많아서 문제일 뿐이다. 집 안이 들썩들썩하여 바람 잘 날이 없다. 안 씻는다고 자기를 부랑아 취급하는 아내 보기가 무서워 억지로 고양이 세수하는 남편만 있어도 이삼 일에 한 번은 이리저리 베개가 날아갈 판인데, 온 집 안을 쓰레기장처럼 만들어놓고 보물 다루듯 건드리지 못하게 하는 사람이 있으면 과연 안 싸우고 조용히 살 수가 있을까?

'쓰레기더미'로 인해 일상적인 일과도 제대로 수행할 수 없으며, 아이들에게 '적절한' 생활환경도 마련해주지 못한다. 자신도 어쩌지 못하는 '쓰레기더미'로 인해 다른 사람들과의 사회적 관계에서도 위축되고, 누군가를 집으로 초대한다는 것은 더더욱 있을 수 없는 일이다. 언젠가 필요할 것 같아서

버릴 수 없다는 생각과 난잡한 쓰레기더미가 강박적인 수집행동의 특징이다. 그러니 기념우표를 수집하기 위해서 우체국을 전전하는 사람들이 보이는 수집행동과 환자들의 강박적인 수집행동 간에는 질적으로 얼마나 차이가 나는지 이해할 수 있을 것이다.

### (2) 상실의 두려움

강박적으로 쓸모없는 물건을 수집하고 축적해둔다는 것이 매우 낯설게 들릴지 모르지만, 사실상 강박적인 수집행동과 유사한 경향을 우리 안에서 발견하는 것은 그리 어려운 일이 아니다. 가족 중에도 별 쓸모도 없어 보이는 물건을 버리지 못하고 계속 쌓아두기만 하다가 이사라도 가야 마지못해 버리는 사람이 있을 것이다. 뭔가를 버리려고 할 때면 버럭 소리를 지르지만, 막상 버리지 않는다고 해서 다시 쓰지도 않는 물건이다. 또 어떤 사람은 책상과 서재를 온통 난장판으로 만들어놓고 일하면서 흩어져 있는 물건을 정리하려고 하면 전혀 건드리지 못하게 하기도 한다. 이런 것들이 어떻게 강박적인 수집행동의 성향과 관련되는지 궁금할 것이다.

우선, 이들은 '중요한 정보나 기회를 상실하는 것'에 대한 걱정을 가지고 있다. 이 역시 일말의 가능성에 대한 강박적 집착이다. 남들 눈에는 쓸모없어 보이는 것들이 뭔가 중요한 내용이나 정보를 담고 있어서 이를 버렸다가는 나중에 큰일을 당하거나 중요한 기회를 놓치게 될 것 같은 가능성에 집착하는 것이다. 낡은 팸플릿, 신문광고지, 일간지는 한 번 읽고 버리면 그만인 것들이지만, 이들에게는 매우 중요한 정보나 기회를 상실하게 될 것에 대한 두려움을 일으키는 것이다.

지금은 버린다고 해도 나중에 노력만 하면 필요할 때 다시 구할 수도 있을 만한 것들, 혹은 실제로는 나중에 다시 필요할 것 같지도 않은 것들이 이들에게는 중요하고 다시 얻기 어려운 것으로 여겨지는 것이다.

## (3) 오류적인 정보처리 과정

강박적 수집행동 환자는 정보처리 과정에 몇 가지 특색을 지니고 있다. 미국의 유명한 강박장애 연구자인 프러스트Frost와 스티키티Steketee는 그들의 동료 연구자들과 함께 강박적 수집행동에 관해 심층적인 이론적 · 경험적 연구를 진행해왔다(Frost & Hartl, 1996; Frost & Steketee, 1998; Steketee, Frost, & Kyrios, 2003; Steketee & Frost, 2003). 특별히 프러스트는 강박적 수집행동에 관여된 여러 가지 정보처리 및 인지 과정의 오류에 대한 종합적인 인지행동적인 이론을 제안하였고, 이에 대해 많은 후속 연구가 진행되어왔다. 다음에서 소개하는 내용은 그동안 연구에서 주목되어온 강박적 수집행동에서 나타나는 대표적인 정보처리의 인지적 오류들이다.

첫째, 이들은 결정을 잘 내리지 못하고 우유부단하다. 프러스트와 동료들은 강박적 수집행동 환자가 의사결정 과정에 심각한 결핍과 오류를 경험한다고 하였다. 이들은 완벽주의적인 성향을 가지고 있으며 실수에 대한 염려가 많다. 대부분의 강박적 수집행동 환자는 의사결정에서 우유부단함을 보이며, 무엇을 버릴 것인지 안 버릴 것인지를 결정하는 것은 이들에게 매우 중대하고 골치 아픈 문제다. 그래서 이것을 해결하는 한 가지 방법으로, 결정할 필요 없이 고민되는 것들을 무조건 방구석에 쌓아두는 것이다. 수집과 축적은 이들에게 의사결정을 피할 수 있게 해주고, 중요한 물건을 버림으로써 일어날 수 있는 불운한 일에 대한 걱정을 해결해준다. 어쩌면 무엇을 버릴지 쉽게 결정하지 못하는 것은 매우 세부적인 사항에 집착하는 습성으로 인해 얼핏 보기에 쓰레기로 보여도 자잘한 부분에 신경을 쓰며 뭔가의 쓸모를 생각해내기 때문일 수도 있다.

둘째, 강박적 수집행동 장애 연구자들은 이들이 사물을 분류하는 과정categorization에서 심각한 정보처리의 오류를 겪는다는 점을 밝혀냈다. 이들은 사물을 분류하는 기준이 매우 엄격하여 사물의 범주를 나눌 때 매우 협소한 범주들을 생성해낸다. 한 예로, 서재를 어질러놓는 사람들이 이러한 유형의 강박

성향과 관련되어 있음을 볼 수 있다. 다음과 같은 사고의 흐름이 이런 난잡한 서재를 만들게 된다. 공부를 하다가 오른쪽 책꽂이에서 책을 하나 꺼내서 보았다. 이제 이 책은 다른 책들과는 다른 중요한 의미를 가지게 된다. 이 책을 그대로 덮어서 다시 책꽂이에 꽂으면 방금 참고했던 중요한 정보를 상실할 수 있으므로 이를 확실하게 외우든지 뭔가 기록을 남길 생각을 하고 책을 옆에 펼쳐 놓게 된다. 또다시 책꽂이에서 다른 책을 하나 꺼내서 참고한다. 이 책은 책꽂이의 책과도 다르고 앞에서 참고하고 펼쳐 놓은 책과도 또 다른 중요한 정보를 남은 책이 되므로 다른 곳에 펼쳐 놓아야지만 안심이 된다.

필요한 서류가 있어서 서류철을 뒤적거리는데 뭔가 이 서류철에 있어서는 안 될 다른 서류가 들어있다. 지금은 일이 복잡해서 서류를 제 위치에 찾아 넣을 만큼 신경이 쓰이지는 않는다. 그렇다고 중요한 서류는 아니지만 버릴 수는 더더욱 없다. 그러니 책상 다른 한쪽에 이 서류를 둔다. 이러한 과정을 몇 차례 반복하다 보면 서재 하나쯤 엉망진창이 되는 것은 금방이다.

지나치게 많은 범주를 형성한다는 것은 직접적으로 수집과 축적의 강박행동에 영향을 미친다. 왜냐하면 다른 사람들이 보기에는 별 차이 없는 똑같은 쓰레기더미 같지만, 이들에게는 매우 미세한 차이라도 있다면 뭔가 독특하게 중요한 것으로 지각되므로 그것 역시 버리지 않고 모아두어야 하는 것이 된다. 웬만큼 비슷한 것들은 하나만 가지고 있으면 된다는 생각만 가지고 있었더라도 그토록 문제가 되지는 않을 것이다.

같은 강박장애 안에서 어떠한 사람들은 완벽주의적으로 주변을 정리하고 정돈하고 쓸고 닦으려 하는 반면에, 어떤 사람들은 생활공간을 '쓰레기'로 쌓아간다는 사실이 참 역설적이다. 그것이 강박장애가 가지고 있는 완벽주의의 비합리성이자 주관성이다.

### (4) 자기기억에 대한 불신

또 다른 강박적 수집행동 환자의 특징은 기억과 관련된다. 많은 강박장애 연구자가 강박장애 환자의 기억에 대해 연구해 왔다. 특별히 강박적 수집행동 환자와 관련하여, 연구자들은 이들이 자신의 기억을 잘 신뢰하지 못하고, 정보를 상실할 것에 대해 과도한 두려움을 가지고 있으며, 따라서 정보를 기억하거나 기록해두는 것의 중요성을 과도하게 평가한다고 보고하였다. 낡은 신문을 버리지 못해 모조리 쌓아두던 환자가 기억난다. 이 환자는 신문에 담긴 정보가 매우 중요한 것들이지만 이를 기억할 수 없다고 생각했고, 이러한 정보를 상실하지 않기 위해서 신문을 버리지 못하고 있는 대로 모아두었다. 신문을 모으는 것은 정보를 기억하지 않으면서 상실하지 않는 방법이었기 때문이다. 그러나 이 환자는 쌓아둔 신문을 전혀 읽지 않았다. 단순히 신문이 자신에게 있다는 사실만으로, 그리고 정보에 접근할 수 있다는 안정감과 자신의 부족한 기억력을 보상할 수 있다는 생각에 안심하였다.

이 환자에게 있는 오류적인 신념은 일단 읽은 것은 모조리 기억해야 한다는 것이었다. 이 환자에게서 찾아볼 수 있는 강박적 수집행동 환자들의 특징은 시각정보에 대한 의존이다. 이들은 자신의 수집물이 눈에 보이지 않으면 기억되지 않고 잊혀질 것이라는 두려움을 가지고 있다. 이 역시 자신의 기억에 대한 불신감에서 비롯된 것일 수 있다. 이것이 눈에 보이는 곳에 수집물을 늘어놓는 이유다. 강박적인 확인행동을 하는 사람도 자신이 문을 닫았는지, 가스 불을 제대로 껐는지에 대한 자기 기억을 신뢰하지 못한다는 점에서 유사한 면이 있다.

강박적인 수집행동 환자도 과도한 책임감을 느끼고 있다. 하나는 이 수집물을 상실했을 때 수반되는 기회나 정보의 상실에 대한 책임감이고, 다른 하나는 수집물 자체를 파손으로부터 보호해야 한다는 책임감이다. 많은 경우, 이들에게 있어서 자신의 수집물은 일종의 안전신호와 같은 역할을 하여 한편으로는 자신의 삶을 어렵게 만들기도 하지만, 다른 한편으로는 반드시 지키고 보호해야 할 애착의 대상이기도 하다. 수집물이 그 자체로 소중하고 안정감을 주는 대상이 되어버리는 것이다. 강박적 수집행동 장애 연구자들은 또한 이들이 자신의 수집물에 대하여 강한 정서적 애착을 보이며, 또한 정서적으로 편안함을 유지하고 혹시 모를 부정적인 사태를 방지하기 위해서 반드시 수집물을 저장해놓아야 한다고 믿는다고 보고하였다.

강박적인 수집행동 환자가 보이는 증상의 핵심적인 현상은 무가치해 보이는 사물의 수집 및 축적 그리고 그로 인해 난잡해진 생활공간에서 찾아볼 수 있고, 배후에 있는 강박사고는 정보, 기회 및 수집물의 상실에 대한 두려움으로 볼 수 있을 것이다. 이들은 정보를 상실하지 않기 위해서 신문이나 광고지 등을 수집해두고 있다고 말하지만, 나중에는 난잡해진 거대한 '쓰레기더미' 앞에서 오히려 정말로 필요한 물건을 찾으려 해도 무엇을 어디에 두었는지 찾지 못한다.

사람들은 많은 것을 소유하면 소유할수록 행복해질 것이라고 생각하지만 이것은 착각이다. 소유에는 한도 끝도 없다. 적절히 버려야 할 것들은 버리고 포기할 줄 아는 사람이라야 진정한 행복을 누릴 수 있는 것이다.

## (5) 저장장애와의 관련성

오랫동안 수집행동은 강박장애의 하위유형으로 간주되었다. 하지만 DSM-IV가 주축이 되었던 지난 20여 년의 기간 동안 수집행동에 대한 수많은 연구가 진행되었다. 지속적인 연구의 결과는 수집행동이 강박장애의 다른 유형들과 상이한 행동 및 신경과적 특성을 가지고 있으며, 또한 강박장애 환자 중 수집행동을 주 증상으로 보이는 환자들은 행동치료나 약물치료에 잘 반응하지 않는다는 것을 밝혀냈다(Bloch et al., 2008; Mataix-Cols et al., 2004). 연구결과에 근거해, 여러 임상 연구가가 수집행동은 반드시 강박장애에 종속되지 않는 별도의 심리적 장애임을 제안해왔다. 결과적으로, 앞서 언급한 바와 같이 미국의 최신 정신과적 진단 체계DSM-5에서는 수집행동을 저장장애Hoarding Disorder라는 새로운 진단명으로 독립시켰다. 저장장애를 가진 사람들은 사물의 실제 가치와 관계없이 자신의 소유물을 버리는 데 극도의 어려움을 나타낸다. 낡은 옷이나 오래된 신문과 잡지, 혹은 고장난 가구나 깡통, 심지어는 상한 음식이나 쓰레기 혹은 배설물을 저장해두기도 한다. 버리는 것에 대한 병적인 두려움과 고통은 이들이 이러한 물건들에 대해 지각한 잠재적 필요 가치와도 맞물려 있다. 당연히 이들의 생활공간은 누적된 '폐물'들로 가득 차게 되고, 일상생활에 극심한 장애가 야기된다. 새로운 독립적인 진단명이

DSM-5에 포함되었지만, 이러한 저장행동이 명백한 강박사고와 연결되어 있다면<sub>예: '이 물건은 내 수집물의 완벽성을 위해 절대로 버릴 수 없어' '이 신문을 버리면 앞으로 재난을 예비할 수도 있는 귀중한 정보를 상실하고 말 거야'</sub>, 여전히 강박장애의 진단을 내릴 수 있다. ◆

# 4. 강박적 반추 사고

지금까지 살펴본 강박장애의 유형들이 지닌 한 가지 공통점은 외현적으로 명확하게 나타나는 강박행동이 있다는 것이다. 끊임없는 오염에 대한 공포에서 벗어나기 위한 반복적인 씻기행동, 실수나 사고에 대한 의심과 불안에서 비롯되는 확인행동, 무질서하고 불완전한 상태에서 느끼는 불편감과 긴장감을 떨쳐내기 위한 정리정돈 행동, 정보 상실에 대한 대처행동으로서의 수집 및 축적행동 등은 장애의 특징적인 강박행동이 겉으로 잘 드러나게 한다.

그런데 강박장애 중에는 외현적인 강박행동을 보이지 않는 것도 있다. 강박적인 반추 혹은 강박행위가 생각의 형태를 지닌 내적 강박사고 유형 등이 그것이다. 강박적 반추 유형은 불편한 생각이 떠오르고 내면에서 이에 대해 꼬리에 꼬리를 무는 난상토론이 일어나는 것과 같은 형태를 띠기도 한다. 일단 혐오스러운 생각이 떠오르고 불안해지기 시작하면, '괜찮아. 별 생각 아닐 거야. 왜 이런 바보 같은 생각을 하지'와 같은 또 다른 목소리가 내면에서 일어난다. 강박적 반추 환자들은 이러한 내면의 대화가 통제 불가능한 상태에까지 이르게 된다.

월남전에서 충격적인 경험을 하고 돌아온 환자 한 명이 있었다. 늘 그의 마음에서 떠나지 않는 생각은 '내가 올바른 결정을 내렸더라면 동료들을 살릴 수 있었을 텐데'라는 생각이었다. 머릿속에서 피비린내 나는 전투 장면과 쓰러져가는 동료들의 아우성이 선명하게 되살아난다. 심한 자책에 빠져 좀 더 동료를 돕지 못했던 것에 대한 한탄과 후회에 빠진다. 이때 또 다른 내면의 목소리가 대화를 시작한다. '아니야… 아무도 그 상황에서 다른 결정을 내릴 수는 없었을 거야. 너는 할 수 있는 최선의 행동을 한 거야' '아니야, 아니야… 순전히 너 때문이야. 네가 좀 더 민첩하게 움직였다면 비겁하게 너만 살아서 돌아오지는 않았을 거야… 비열한!' 이러한 내면의 '전투'는 일단 시작하면 서너 시간 지속되는 것이 보통이다.

이처럼 강박적 반추 유형은 외현적인 강박행동이 나타나지 않지만 분명히 강박장애적인 요소를 지니고 있다. 첫 번째 목소리는 자신을 비판하고 힐난하는 내용으로, 일종의 강박사고에 해당한다고 볼 수 있다. 이것은 분명히 불편감을 일으키고 강박적으로 집착하게 만든다. 두 번째 목소리는 안도하고 위안하려 하는 목소리로, 불편감을 감소시켜준다는 면에서 일종의 강박행동이라고 볼 수 있을 것이다. 단지 이것이 내면에서 강박사고와 뒤엉켜 진행된다는 점이 차이점이다. 따라서 강박적으로 떠오르는 생각이 무엇인가에 따라서 두 내면의 음성은 상이한 내용을 지니게 될 것이다.

똑같은 내용의 생각이 반복되지 않는다는 점이 강박적 반추와 곧 다룰 내적 강박행동 유형을 구분하는 특징이기도 하다. 다음의 예를 보면 강박적 반추가 어떤 식으로 진행되는지 보다 선명하게 이해될 것이다.

> 김 군은 반복해서 의식을 침투해 들어오는 '천주교는 사악한 종교다'라는 생각으로 인해 심한 죄책감에 시달리고 있다. 김 군이 실제로 그렇게 생각하고 있다면 이런 생각이 반복해서 떠오른다고 해도 괴로울 것이 뭐가 있겠는가마는, 김 군은 전혀 그런 생각을 가지고 있지 않았고, 김 군의 가치관과도 상충되는 침투적인 생각이었기 때문에 심한 죄책감과 불안감을 안겨주었다. 가만히 앉아 있을 때는 물론이고, 아무 때고 불쑥불쑥 '천주교는 사악한 종교다'라는 생각이 뇌리를 파고들었다. 이때마다 이 생각을 떨쳐버리거나 죄책감과 불안감을 씻어내기 위해 엄청난 노력을 해야 했다. 처음에는 머리를 좌우로 강하게 흔들면서 속으로 '그만!

그만! 안 돼!'라고 외치기도 하였다. 생각을 떨쳐버리기 위해서 갖은 애를 다 썼지만 생각을 억제하려고 하면 할수록 생각은 더욱더 떨쳐버리기 어렵고 자주 떠오르게 되었다.

시간이 흐르면서 김 군은 이러한 시도로는 생각을 떨쳐버릴 수 없다는 것을 알게 되었고, 이 생각에 대한 강박적인 반추에 빠져들게 되었다. 천주교는 사악한 종교가 아니라는 것을 증명하기 위해서 두 시간이 소요되는 엄청난 머리싸움을 하게 되었다. '천주교는 사악한 종교다'라는 생각을 반증하기 위해서 계속해서 자신을 합리화하고 정당화하려는 생각의 생각으로 빠져들었다. '천주교는 사악한 종교이고 성모마리아는 죄인이다'라는 음성과 '천주교는 많은 사회봉사를 실천하는 선한 종교다'라는 또 다른 음성이 꼬리에 꼬리를 물고 그야말로 갑론을박의 논쟁이 내면에서 전개되었다. 도서관을 다니면서 백과사전과 역사서를 찾아 천주교의 정당성을 입증하고 천주교가 사악한 종교가 아님을 증명하려고 애썼다.

이 생각이 떠오르면 하루에도 몇 시간씩 이 생각이 틀렸음을 증명하기 위한 생각과 논리의 꼬리가 두세 시간을 물고 늘어졌다. 간신히 천주교가 사악한 종교가 아니라고 생각하게 되면 어느 정도의 불안감이 사라지고 안도감을 찾게 되지만 이미 녹초가 되어버린 상태였다. 하지만 이내 또 다

른 목소리가 고개를 쳐들어 끝도 없는 내적인 싸움이 재개
되었다.

원치 않는 성적인 내용의 생각, 공격적이거나 난폭한 내용
의 생각, 신성모독적이거나 도덕관념에 배치되는 생각 등은
강박적 반추 환자의 단골 메뉴인 것 같다. 이것들은 공통적으
로 생각 자체가 매우 혐오스러운 것들이며, 충동적이고 본능
적인 내용의 생각들이 많다. 또 죄책감을 일으키는 도덕관념
에 위배되는 내용이 많다. 보통 이처럼 침투해 들이오는 생각
들이 성가신 강박사고로 발전하는 경우는 그 내용이 그 사람
의 가치나 신념체계와 상반된 경우가 많은 것으로 보인다. 불
륜을 일삼고 음란물에 탐닉해 있는 사람에게 성적인 침투사고
는 큰 불안감을 야기할 리 만무하고, 이로부터 병적인 강박사
고가 발생할 가능성도 희박하다. 하지만 성직자적인 종교생활
을 영위하며 정결한 마음과 경건한 삶을 추구하는 사람에게
성적인 침투사고는 가치관에 큰 위협을 가할 것이다. 자신의
신념과 가치에 위배될수록 부적절한 침투사고에 대해 더욱 격
렬한 심리적 저항이 일어날 가능성이 많고, 이는 병적인 강박
사고가 형성될 가능성을 증가시킨다. 의식적으로 생각을 억제
하려는 노력은 매우 비효과적이어서 생각을 더욱 떨쳐내기 어
렵게 만든다. 경건한 종교적 삶을 살고자 하는 사람은 무엇보

다도 신성모독적인 내용의 생각이 떠오르는 것으로 인해 고통을 겪을 것이고, 깨끗하고 건전한 삶을 원하는 사람에게는 난잡하고 변태적인 성행위의 생각이 많은 괴로움을 줄 것이다. 강박사고에 대한 과도한 통제의 노력은 상황을 더욱 악화시킬 가능성이 높다는 것을 염두에 두어야 한다. 종교적인 지도자들에게 침투적인 생각들이 많다는 이야기들을 하기도 한다. 마음의 정결함을 원하는 사람일수록 조금이라도 불편한 생각이 떠오르면 이를 가만히 내버려두지 못한다. 결국 자신의 마음을 통제하기 위해 과도하게 노력하는 사람일수록 침투적인 사고로 고생하게 될 가능성이 높다고 할 수 있다.

그렇다면 강박적 반추 환자에게 떠오르는 해괴한 생각은 어디서 굴러들어온 것일까? 왜 이런 생각이 떠오르는 것일까? 사실 설명하기 어려운 마음의 비밀인지도 모른다. 생각이 왜 유지되고 더욱 악화되는지에 대해서는 이런저런 설명과 연구 근거가 제시되고 있으나, 애초에 왜 난데없이 그런 생각들이 떠올라 마음을 흐려놓는 것인지에 대해서는 아직 명확한 이론이 정립되어 있지 않다.

강박사고로 성적이거나 공격적인 내용이 떠오르는 경우가 많은데, 성과 공격성은 프로이트가 제안한 두 가지 근본적인 인간의 무의식적인 충동이기도 하다. 이는 누구에게나 본능적으로 이와 같은 침투적 사고를 경험할 갈등적인 욕구들이 잠재되어 있음을 의미한다. 강박사고의 근원적인 발생 원인에 대해서는 보다 체계적이고 과학적인 연구가 필요하다. 적어도 한 가지 분명한 현상적 사실은 이러한 원치 않는 생각의 침투가 보편적인 일이라는 점이다. 앞에서 언급했듯이 정상인의 90% 이상이 이러한 원치 않는 생각들을 경험하는 것으로 보고되고 있다. 그러나 이러한 생각에 과도한 의미를 부여하거나 의식적으로 통제하려는 노력은 보편적인 현상으로서의 침투적인 사고를 악화시키는 데 중요한 기능을 하는 것으로 보인다. 이러한 침투적 사고의 병리화 과정에 대해서는 뒤에 제시할 인지행동 이론에서 보다 자세히 다루겠다.

드문 경우지만 때로는 이러한 강박적 반추 유형의 생각들에서도 씻기와 같은 외현적인 강박행동이 발생한다. 예를 들어, 떨쳐버릴 수 없는 성적인 생각으로 고생하는 환자의 경우, 때로는 이로 인한 죄책감과 불안감을 씻어내기 위해서 손을 씻거나 하루에 수차례 샤워를 하는 경우도 찾아볼 수 있다. 여기에도 강박장애 환자의 마술적인 사고가 작용하고 있다고 볼 수 있다. ❖

# 5. 내적 강박행위 유형

내적 강박행위 유형은 특정한 심적인 행위를 반복함으로써 강박사고에 대처한다. 씻고 확인하고 반복하는 행위가 겉으로 나타나지 않을 뿐이지 실질적으로 강박행위가 내면에서 지속된다는 것을 제외하면, 다른 강박장애 유형과 유사한 점이 많다. 행위 대신에 강박사고에 대항하는 어떤 생각이나 이미지를 반복적으로 떠올리는 것이 내적 강박행위다. 외현적인 강박행위나 내적인 강박행위 모두 불편감을 감소시키고 안정감을 되찾기 위한 의도로 수행된다는 점에서 근본적으로 동일한 강박장애 증상이라고 볼 수 있다.

다음에 제시되는 사례를 통해서 내적 강박행위 유형의 일면을 살펴볼 수 있다.

박 군은 '다른 사람을 대하며 감정을 상하게 했을지도

모른다'는 생각으로 괴로워했다. 그는 그런 생각에 사로잡혀 죄책감을 느끼고 자기비하에 빠질 때마다 매우 특이한 방식으로 고정되어 있는 기도문을 반복하였다. 기도문은 늘 똑같은 억양과 어조로 동일한 내용을 반복해야 한다. 조금이라도 어긋나면 처음부터 다시 시작한다. 언제고 누군가와 이야기하면서 자신이 충분히 미소를 짓지 않았고 충분히 상대를 배려하고 위해주지 못했다는 생각이 들면 그 사람의 기분을 몹시 상하게 했을 것 같다는 생각에 잠기게 된다. 그러면 자신이 무례하고 나쁜 사람이라는 생각을 떨쳐버리기 위해서 수차례에 걸쳐 기도문을 반복해서 외웠다.

이처럼 기도문을 외우거나 숫자를 세는 행위는 내적 강박행위의 대표적인 예다. 종종 내적 강박행위는 책상이나 사물의 표면 혹은 자기 신체의 일부를 손가락으로 반복적으로 두드리는 등의 무의미한 반복행동과 함께 나타나기도 한다. 의미 없는 문구나 음정이 들어 있는 소절을 반복하기도 한다. 혹은 자기의 행동을 처음부터 끝까지 되짚어보는 내적 확인행위 등도 내면에서 진행되는 강박행동의 일종이다.

김 군은 원치 않는 '성적인 생각'으로 인해 고생하고 있다. 김 군은 언제부터인가 사람들을 쳐다보면 그 사람의 나신을 순간적으로 연상하게 되었다. 이것은 음흉한 눈빛으로 뚫어지게 쳐다보며 그 사람의 구석구석이 어떻게 생겼을까를 상상하는 그런 것이 아니었다. 아주 일순간 막연하게 상대방 위로 살색이 스쳐 지나가는 것을 연상하고는, '내가 그 사람의 나신을 생각했다'고 괴로워하는 것이다. 이것은 김 군을 상당한 죄책감에 빠뜨렸다. '성경에서는 여자를 보고 음욕을 품는 것도 죄악이라고 하였는데, 나는 하루에도 수도 없이 만나는 여자들을 보고 그런 음란한 생각을 하다니…' 김 군은 이 생각을 떨쳐버리기 위해서 하루에도 수차 례씩 기도를 하거나, 눈을 감고 다른 생각을 하려고 하거나, 숫자를 계속해서 세는 등 나름대로 할 수 있는 모든 방법을 사용하였다. 김 군은 스스로 자신의 내면이 더럽고 본성도 그렇고 그런 놈이기 때문에 이런 생각이 떠오르는 것이라고 생각했다. 이런 생각은 김 군을 괴롭게 만들었고 결과적으로 생각을 떨쳐버리기 더욱 어렵게 만들었다. 자신을 스스로 비난하기도 하고 생각이 떠오를 때마다 손등을 꼬집고 머리를 쥐어박아 보기도 했지만 기분만 더 나빠질 뿐이었다.

앞서 다룬 강박적 반추 유형이든 내적 강박행위 유형이든 아니면 외현적인 증상이 드러나는 강박장애 유형이든 어느 것이나 각자만의 의례화된 대처행동을 가지고 있다. 이러한 강박사고에 대한 대처 및 통제 행동이 겉으로 드러나는가 아닌가에 차이가 있기는 하지만, 개인의 과도한 통제행동이 반복적이고 미신적이고 정형화된 형태로 나타난다는 점은 공통적이다. 아이를 갑자기 칼로 찌를 것 같은 생각이 떠오르는 어머니가 이런 생각이 떠오를 때마다 아이가 놀이터에서 건강하게 뛰어노는 이미지를 떠올려야 한다면, 이것이 하나의 강박행위적인 기능을 수행하고 있는 것이다.

강박적 반추나 내적 강박행위에서 등장하는 강박사고의 내용은 주로 가혹한 자기비판적 생각, 실수를 저질렀다는 생각, 과거에 대한 죄책감과 후회, 미래의 불쾌한 일에 대한 생각, 누군가를 해치거나 죽이는 생각, 비도덕적이고 변태적인 성행위를 하는 생각, 갑자기 음탕하거나 모욕적인 말을 외치는 생각, 매우 당혹스럽고 수치스러운 행동을 하는 생각, 범죄적인 충동행위에 대한 생각 등이다.

이와 같이 강박적 반추 및 내적 강박행위의 대상이 되는 생각은 앞에서 제시한 외현적 강박행동을 수반하는 강박사고에 비하여 생각 자체가 매우 고통스럽게 경험된다. 엄밀한 의미에서 보면 씻고 확인하고 정리하고 수집하는 식의 강박행동을 일으키는 강박사고들은 그 내용 자체가 혐오스럽다기보다는 주로 그 생각이 유발된 외적인 자극 상황 자체가 보다 불편한 것이다. 어떤 의미에서 '오염이 된 것 같다, 실수가 있을지도 모른다, 비뚤어지고 흐트러졌다'와 같은 강박사고들은 그러한 자극 상황에 대한 일종의 해석이라고 말할 수 있다. 이런 생각은 본질적으로 그 자체가 그다지 혐오스럽게 경험되는 것들은 아니다.

이미 언급했듯이, 강박적 반추 유형에서는 '생각 자체'가 매우 혐오스럽게 경험되며, 통제행동 역시 생각 자체를 떨쳐 버리거나 억제하는 데 초점이 맞추어진다. 반면에 외현적인 강박행동을 수반하는 강박장애 유형에서는 비교적 개인의 과도한 통제 노력이 생각 자체에 주어지기보다는 관련된 상황을 통제하고 안전하게 복구하고 예방하는 데 초점이 맞추어진다.

오염이 되었다는 생각을 떨쳐버리려고 하기보다는 오염이 된 상태를 정화하려는 노력이 강박적인 씻기행동이며, 실수나 사고에 대한 의심 자체를 떨쳐버리려고 하기보다는 원하는 상태로 되돌리고 부정적인 일이 발생하지 않도록 조치를 취하는 것이 강박적인 확인행동이다. 하지만 강박적 반추 유형이나 내적 강박사고 유형에서는 자신의 내적인 사고 그 자체를 떨쳐버리거나 억제하기 위해서 과도한 통제 노력을 가하게 된다.

이런 맥락에서 볼 때 강박행동이 어떠한 형태를 띠고 나타날 것인가는 그 사람이 어떠한 강박사고를 지녔는가에 의해 많은 영향을 받는 것처럼 보이기도 한다. 유리조각이 떨어진 것 같은 의심이 드는 사람은 '직접 쓸고 닦고 확인해야' 하며, 신성모독적인 생각이 떠오르는 사람은 속으로 절대로 그렇지 않다고 내적인 싸움을 하거나 기도를 반복하는 것이 자연스러운 대처행동인 것 같다. 따라서 강박사고나 강박행동은 그 사람의 가치관, 윤리의식, 성격, 생활양식 모두를 포함하는 총체적인 내면세계의 복잡한 반응이라고 볼 수 있다. ◆

# 6. 강박장애의 특성

## 1) 강박장애 하위유형의 공통점

지금까지 다룬 다양한 강박장애 유형의 공통적인 특징을 한번 요약해보도록 하자.

첫째, 불운하고 재앙적인 결과에 대한 걱정에 사로잡힌다. '뭔가 묻은 것 같아. 빨리 씻어내지 않으면 치명적인 병에 걸릴 것 같아. 이런 손으로 우리 아기를 만지면…. 안 돼! 안 돼!'

둘째, 어느 정도 자신의 강박사고가 비합리적이고 비이성적이라는 것을 스스로 느낀다. 그러나 이것이 비합리적이라고 생각되는 정도는 다양하다. 신성모독적인 생각처럼 얼토당토 않은 터무니없는 것으로 간주되는 생각이 있는가 하면, 정말로 뭔가 더러운 것이 묻었다거나 뭔가 빠진 것이 있는 것만 같다고 그 생각을 어느 정도 사실로 받아들이며 실제적인 대처행동까지 하게 되는 생각도 있다. 때로는 자신의 행위가 비이성적임을 전혀 인식하지 못하고 망상적인 수준의 믿음을 갖는 경우도 있다. 이런 경우는 자기 증상에 대한 통찰력이 결여되어 있는 중증의 강박장애라고 볼 수 있다.

셋째, 강박사고를 떨쳐내기 위해 저항해보지만 의도적으로 생각을 통제하려고 노력할수록 강박사고는 더욱 악착같이 떠오르게 된다. 불면증 환자들이 자려고 '애를 쓰면 쓸수록' 슬프게도 눈만 더욱 말똥말똥해지는 것과 마찬가지다. 강박사고를 두려워할수록, 강박사고에 적극적으로 저항할수록, 상막사고를 떠올릴 만한 자극 상황을 피하려 할수록, 강박사고를 완전히 제거하는 것을 목표로 삼을수록, 또다시 생각이 떠오를까 봐 걱정할수록 강박사고를 떨쳐버리는 것은 더욱 어려워질 것이다.

넷째, 강박행위를 함으로써 일시적이나마 불안과 고통을 감소시킬 수 있다. 반복적으로 씻고, 확인하고, 정리하고, 수집하는 행동은 그들에게 불안을 즉시 감소시킬 수 있는 진통제 같은 역할을 한다. 하지만, 여기에 강박행동의 치명적인 독성이 들어 있다. 일시적인 불편감의 감소가, 결과적으로 강박행동을 더욱 강화시키고 지속시키는 연료와 같은 역할을 하기 때문이다. 언 발에 오줌 누기와 별반 다르지 않다.

다섯째, 강박행위는 보통 특별한 순서에 따라 의례화되어 자신만의 방법대로 수행된다는 점에서 일상적이고 적응적인 습관적 행동과는 명확하게 구분된다. 자신의 신체적 분비물이나 배설물을 두려워하는 강박적인 씻기행동 환자는 발끝부터 시작해서 조금씩 위험지대를 향해 씻어온다. 반면에 바닥의 유리조각이나 병균을 두려워하는 환자는 머리부터 시작하여 가장 나중에 발을 씻게 된다.

여섯째, 앞서 말한 대로 강박행동이 불편감을 일시적으로 감소시키는 진통제 역할을 하지만, 강박장애가 진행되는 경과에 따라 강박행동 자체 역시 상당한 고통을 수반하게 된다. 심리적인 고통뿐만 아니라, 강박적 세척행동에서 나타나듯이 신체적인 손상을 가져오는 경우도 있다. 강박행동으로 인해 긴 시간과 에너지를 소모해야 하는 것 역시 일상생활에 큰 지장을 초래한다. 손이 해지도록 반복적으로 씻는 환자들은 자신의 세척행동을 혐오스럽게 여긴다. 그러나 앞에서 살펴보았듯이 강박행위가 불편감을 주는 정도는 그 종류에 따라 상이하다.

일곱째, 불안을 감소시키기 위해서 끊임없이 주변 사람들에게 확인을 구하기도 한다. 이것은 그 자체로 강박적인 확인행동이 되기도 한다. "내가 아무도 다치지 않게 한 것 맞죠?" "내가 말을 어긋나지 않게 정확하게 한 것 맞지요?" 이는 강박행동의 범위가 개인적인 영역에 머물러 있지 않고, 주변의 가족이나 지인들에게까지도 확대될 수 있음을 의미한다.

　강박장애는 DSM-5에서 "강박장애와 관련장애"라는 독자적인 진단범주로 재편성되었지만, 여전히 강박장애는 극심한 불안감과 불편감을 동반하는 심리적 장애다. 따라서 강박장애의 각 유형에서 나타나는 증상의 전반적인 양상은 불안자극으로부터의 과도한 회피와 이에 뒤따르는 통제 행동으로 이해할 수 있다. 하지만 이러한 회피행동은 염려되는 오염을 직접 씻어내는 것과 같은 적극적인 형태이든 오염이 두려워 두문불출하는 식의 소극적인 형태이든, 비현실적인 과도한 불안감과 이를 결과적으로 지속시키고 강화하는 역기능적인 통제행동에 기반을 둔다는 점에서 공통적이다.

　뒤에서 차차 다루겠지만 보다 효과적인 대처방법은 이러한 강박사고를 자연스러운 심리 현상으로 수용하고 의도적인 통제 노력을 포기하는 것이다. 강박장애를 비롯한 다양한 심리장애를 치료해나가는 과정은 우리 내면의 생각이나 감정 및 욕구, 그리고 우리가 처해 있는 상황을 있는 그대로 받아들이고 직면하여, 오류적인 생각과 행동을 수정하고, 이에 적응하는 작업이라고 할 수 있다.

## 2) 강박장애의 자가 진단

지금까지 다룬 내용을 통해 자기를 새롭게 발견하고 이해하게 된 경우도 적지 않을 것 같다. 연구에 의하면 백 명 가운데 두세 명 정도는 실제로 강박장애 증상을 나타낼 수 있다고 한다. 제시된 포아Foa의 자가 진단 질문지를 통해 나를 괴롭히는 문제는 어떠한 것인지 한번 점검해보고 다음 장으로 넘어가기로 하자. ◆

### 🔑 나의 문제 이해하기

A. 어떠한 증상이 당신을 괴롭힙니까? 각 항목에 체크하십시오.

**씻기행동**

\_\_\_\_\_ 1. 오염될 것 같아서 만지지 않으려는 물건이 있다.

\_\_\_\_\_ 2. 바닥에 떨어졌던 물건을 다시 집어올리기가 꺼려진다.

\_\_\_\_\_ 3. 지나치게 집 안 청소를 하는 경향이 있다.

\_\_\_\_\_ 4. 과도하게 손을 자주 씻는다.

\_\_\_\_\_ 5. 샤워나 목욕을 하는 데 너무 오랜 시간을 보낸다.

\_\_\_\_\_ 6. 병균이나 병에 대해서 지나치게 걱정한다.

**확인 및 반복 행동**

\_\_\_\_\_ 1. 어떤 일을 반복해서 확인하는 경향이 있다.

\_\_\_\_\_ 2. 자꾸 되풀이하느라고 일을 끝내기가 어렵다.

\_\_\_\_\_ 3. 뭔가 나쁜 일이 일어날까 봐 반복해서 확인한다.

\_\_\_\_\_ 4. 실수를 하게 될까 봐 지나치게 걱정한다.

\_\_\_\_\_ 5. 나로 인해 타인이 피해를 입을까 봐 지나치게 걱정한다.

\_\_\_\_\_ 6. 어떤 생각이 떠올라서 뭔가를 반복적으로 하게 된다.

**정리행동**

\_\_\_\_\_ 1. 내 주변의 물건을 특별한 방식으로 정리해야 한다.

\_\_\_\_\_ 2. 물건이 제자리에 있는 것을 확인하느라 긴 시간을 보낸다.

\_\_\_\_\_ 3. 내 물건이 제자리에 없으면 즉시 알아챈다.

\_\_\_\_\_ 4. 침대 커버에 아무런 구김도 없어야 한다.

_____ 5. 어떤 물건을 특별한 패턴으로 배열해야 한다.

_____ 6. 남들이 내 물건을 건드려 놓으면 격분한다.

**수집행동**

_____ 1. 물건을 쉽게 버리지 못한다.

_____ 2. 겉보기에 쓸모없는 물건을 주워온다.

_____ 3. 몇 년간의 수집물이 집 안에 쌓여 있다.

_____ 4. 남들이 내 수집물에 손대는 것을 싫어한다.

_____ 5. 수집물을 처분할 수가 없다.

_____ 6. 남들은 내가 모으는 것이 쓸모없는 것이라고 한다.

**내적 강박행위**

_____ 1. 어떤 단어나 숫자를 반복하면 기분이 좋아진다.

_____ 2. 불안할 때는 속으로 뭔가를 되뇌어야 한다.

_____ 3. 신앙과는 무관하게 기도하는 데 오랜 시간을 보낸다.

_____ 4. '나쁜' 생각이 떠오르면 '좋은' 생각을 떠올려야만 한다.

_____ 5. 어떤 일을 매우 상세히 기억하거나 속으로 나쁜 결과를 막기 위한 목록을 만들어본다.

_____ 6. 종종 안정을 유지하기 위한 유일한 방법은 옳은 일을 생각하는 것이다.

**순수 강박사고**

_____ 1. 의지와 무관하게 떠오르는 불쾌한 생각으로 혼란스럽다.

_____ 2. 내가 하는 일상적이고 간단한 일조차도 의심스럽다.

_____ 3. 내 생각을 어떻게도 다스릴 수가 없다.

_____ 4. 수치스럽고 위협적이거나 난폭하고 기괴한 내용의
생각이 자주 떠오른다.

_____ 5. 나쁜 생각이 실현될까 봐 두렵다.

_____ 6. 일단 뭔가 걱정하기 시작하면 멈출 수가 없다.

_____ 7. 사소한 일에도 지나치게 걱정한다.


B. 지난 몇 달간 이런 행동으로 인해 하루에 평균 어느 정도
의 시간을 소모했는지 아래에 적어보십시오.

| | 시 간 | 분 |
|---|---|---|
| 씻기행동 | _____ | _____ |
| 확인 및 반복 행동 | _____ | _____ |
| 정리행동 | _____ | _____ |
| 수집행동 | _____ | _____ |
| 내적 강박행위 | _____ | _____ |
| 순수 강박사고 | _____ | _____ |

☞ 이제 기입된 시간을 모두 더해보십시오. 만일 하루에 특정 유형에
대해서 두 시간 이상을 소모하고 있다면 자기 상태에 대해서 진지
하게 생각해볼 필요가 있습니다.

# 강박장애는
# 왜 생기는가

**2**

# 1. 강박장애 원인의 개관

    1980년대까지만 해도 강박장애에 대한 누 가지 오해가 팽배해 있었다. 하나는 강박장애가 매우 희귀한 병이라는 것이고, 또 다른 하나는 강박장애는 매우 고치기 어려운 병이라는 것이었다. 그러나 점차 다양한 치료방법이 모색되고 보다 체계적인 연구가 이루어짐에 따라 장애 현상에 대한 이해가 깊어지고 이에 대한 생각들이 변화하고 있다.

    1980년대까지의 연구결과를 종합하면, 정신과 병동에 입원해 있는 성인 환자들 중에 강박장애 환자의 비율은 대략 1% 안팎의 수치로 나타났다. 즉, 정신과에 입원한 사람들 100명 가운데 강박장애 환자는 한 명 정도 있을까 말까 할 정도의 희귀한 장애 현상이라는 의미다. 그러나 근래의 연구결과에 따르면 정신과 환자가 아닌 '정상인' 100명 중 약 두세 명 정도는 일생에 한 번 강박장애에 걸린다고 보고되고 있어 결코 드물거나 희귀한 장애가 아님을 알 수 있다. 1988년도에 시행한 국내 조사연구에서도 100명 중 두세 명 정도는 강박장애에 걸린다는 결과가 보고된 바 있다. 그러나 체계적이고 정밀한 조사 연구가 이루어진다면 유병률 수치는 보다 더 높아질 것이다.

많은 경우에 강박장애 환자가 이를 하나의 생활양식으로 '안고' 살아가기 때문에 정확한 조사가 어려워 보인다. 어떤 연구에 의하면 강박장애 환자의 증상 발생은 12~14세 사이와 20~22세 사이가 가장 많지만, 실제로 적절한 치료를 받게 되는 것은 평균 17년이 지난 후인 30세 이후라고 보고되었다. 또 실제로 사용되고 있는 진단기준을 충족시키지는 못하더라도 생각과 행동방식에 강박적인 성향이 농후한 사람들까지 합친다면 그 수치는 더욱 높아질 것이다.

심리장애의 증상은 나름대로 역기능적이기는 하지만 최소한 고통받는 사람들의 입장에서는 뭔가 일시적일지라도 안도감을 가져다주기 때문에 계속 유지되며 악순환의 고리를 형성하고 있는 경우가 많다. 어떠한 부분이 치료적인 개입에서 가장 우선시되어야 하는지는 매우 중요한 문제다. 이런 의미에서 장애가 발생하고 지속되는 원인을 파악하는 것은 궁극적으로 치료를 효과적으로 수행하기 위한 전제조건이라고 할 수도 있다.

지금부터 다루게 될 내용은 다소 지루할지도 모르겠다. 우리는 이제 강박장애의 병인론을 다루려고 한다. 학습 이론, 인지 이론, 정신분석 이론, 생물학적 이론 등 다양한 심리학 이론이 강박장애 현상을 어떠한 관점에서 바라보고 있는지를 살펴볼 것이다. 강박장애가 지닌 현상의 복잡성을 고려할 때, 그 장애의 원인에 대한 명쾌한 해답이 존재할 것이란 기대는 하지 않기를 바란다. 대부분의 심리적 장애가 그러하듯이, 강박장애 역시 복잡한 생물학적·환경적·행동적·성격적 원인들의 상호작용으로 시작되고 유지되는 것 같다. 생소한 이야기도 있고 이미 익숙한 이야기도 있을 것이지만, 모두 다 완벽히 이해하겠다거나 모두 다 외워버리겠다, 모두 내 지식으로 만들겠다는 등의 강박적인 욕심일랑 떨쳐버리고 가벼운 마음으로 읽어가면 좋을 것이다. ❖

# 2. 학습 이론

학습 이론의 대전제는 '인간의 행동은 학습된 것이다'다. 이에 대한 보다 익숙한 우리말 풀이는 "세 살 버릇 여든까지 간다"다. 우리의 일상행동은 아무렇게나 정해지는 것은 아니다. 그렇다고 해서 사람의 모든 행동이 학습된 것이라고 보기에도 무리가 있다. 이것은 인간이 창의성과 독창성이 결여된 기계적인 존재임을 역설하는 것과 같기 때문이다.

하지만 우리가 날마다 별다른 의식 없이 하는 많은 행동이 이러한 학습 이론의 관점에서 설명될 수 있다는 것은 부인할 수 없는 사실이다. 예를 들어, 귀가시간이 늦어져서 밤거리를 배회하다 보면 마음 한구석에서 불안감이 피어오른다. 그리고는 자신도 모르게 집을 향해 발걸음을 재촉하게 된다. 이것은 집에 늦게 들어가게 되면 아버지한테 혼난다는 사실과, 아버지께 혼나지 않기 위해서는 집에 일찍 들어가야 한다는 것을 반복적으로 경험하면서 학습했기 때문이다.

또 다른 예를 들어보자. 애완견이 변을 가릴 줄 아는 것도 알고 보면 다 학습의 원리에 따라 행동이 조성되었기 때문이다. 자기 구린내를 찾아 코끝을 벌름벌름하고 킁킁거리며 돌아다니던 다롱이가 안방 침대맡에 '응가'를 했다. 결과는 불을 보듯 뻔하다. 그 자리에서 걷어채든지, 돌돌 만 신문지에 구타를 당하든지, 아니면 그날로 목에 쇠줄을 차고 찬밥이나 핥아먹는 마당개 신세로 전락하든지.

5분 후 다롱이는 금붕어 같은 눈을 뻐끔뻐끔거린다. '저게 나한테 왜 저러지?' 한참 후 다롱이가 또다시 킁킁거리며 구린내를 추적하기 시작했다. 그러다가 우연히 화장실 한쪽 구석에 깔린 신문지 위에서 응가 포즈를 취했다. 그랬더니 이번에는 주인이 머리를 쓰다듬고 소시지까지 덤으로 준다. 며칠이 지나다 보니 IQ 35의 다롱이도 어떻게 해야 맞지 않고 편히 살아갈 수 있는지를 체득하게 되었다.

이것이 바로 학습이다. 적절한 행동을 했을 때 주어지는 소시지는 강화물에 해당하고, 부적절한 행동을 했을 때 주어지는 구타는 처벌에 해당한다. 또한 변을 가릴 줄 아는 적절한 행동이 유지되는 이유는 긍정적인 강화가 표적행동이 나타날 때 짝지어 주어지기 때문이다. 만일 다롱이가 화장실 신문지를 즐겨 사용하는데 개구쟁이 꼬마가 장난삼아 때를 같이하여 발로 걷어차기 시작했다고 해보자. 개는 노이로제라도 걸리고 말 것이다. 학습이 신속히 효과적으로 이루어지고 학습한 내용이 장기적으로 유지되기 위해서는 일관성이 매우 중요한 역할을 한다. 강화가 일관적인 방식으로 주어져야 한다는 것이다.

강화에는 두 가지 종류가 있다. 하나는 표적행동에 대해서 직접적으로 긍정적인 보상을 주어 행동의 빈도를 증가시키는 정적 강화로, 이것은 바로 앞서 설명한 대로 소시지를 주는 것과 같은 것이다. 반면에 부적 강화는 표적행동이 나타날 때마다 부정적인 자극을 차단해줌으로써 그 행동의 빈도를 증가시키는 방법이다. 전기고문을 계속 받는 전쟁포로에게 군사기밀을 실토할 때마다 전기충격의 강도를 줄여준다면 그 행동의 빈도 역시 증가할 것이다.

## 1) 조건형성 이론

파블로프가 개를 대상으로 한 실험은 널리 알려져 있다. 개에게 음식을 주거나 냄새를 맡게 하면 개는 당연히 침을 질질 흘린다. 파블로프는 개에게 음식을 주면서 동시에 옆에 있는 전구에 불을 켜주었다. 그 결과 개는 전구의 불빛이 음식을 주는 것과 관련되었음을 '학습'하게 되었고, 여러 번에 걸쳐 음식과 전깃불을 짝지은 후에는 전깃불만 비춰주어도 음식이 주어질 것을 예상하며 침을 흘리게 되었다. 이를 고전적 조건형성이라고 한다.

여기서 음식은 무조건자극이 되고, 이러한 음식과 연합이 형성된 전깃불은 조건자극이 된다. 음식이 주어질 것이라는 조건하에서 자극으로서의 가치를 획득했기 때문이다. 또 음식과 같은 무조건자극에 의해 침을 흘리는 것을 무조건반응이라고 한다. 반면에 전깃불을 켜주었을 때 음식을 예상하고 침을 흘리는 행동은 조건반응이라고 부른다. 엄밀히 말하면 전깃불과 침을 흘리는 것 간에는 아무런 관계도 없으나, 반복되는 음식과 전깃불 간의 연합을 통해서 중성적인 전구의 불빛만으로도 침을 흘리게 하는 자극의 속성을 지니게 된 것이다. 이러한 과정을 고전적 조건형성이라고 부른다.

또 다른 종류의 조건형성 원리를 살펴볼 수 있다. 스키너Skinner는 비둘기를 상자 안에 가두어두고 다양한 행동을 관찰하였다. 비둘기는 부리를 치켜들고 천장을 쳐다볼 수도 있고, 한쪽 벽을 부리로 쪼을 수도 있을 것이다. 또는 퍼드덕 날갯짓을 하거나 바닥을 탁탁 쪼며 이리저리 부산스럽게 움직일 수도 있을 것이다.

이 중 한 가지 행동을 정해서 그 행동에 대한 강화자극을 준다고 해보자. 예를 들어, 사방의 벽 중에서 정해진 한쪽 벽을 탁탁 쫄 때마다 모이를 주는 것이다. 아무것도 모르는 비둘기는 이리저리 움직이며 다양한 움직임을 보이다가 우연히 단추를 탁 쪼는 순간이 올 것이다. 그러면 실험자는 바로 비둘기에게 모이를 준다. 아무것도 모르는 비둘기는 신나게 받아먹고 또 이리저리 움직이겠지만, 이러한 과정이 반복될수록 비둘기가 특정 벽을 쪼는 횟수는 점차 증가할 것이다. 이는 모이라는 강화자극이 특정 표적행동한쪽의 정해진 벽을 쪼는 것을 계속 강화하고 있기 때문이다. 이를 조작적 조건형성이라고 한다.

조작적 조건형성에서는 고전적 조건형성에서처럼 무조건자극과, 이와 연합됨으로써 자극의 성질을 얻게 되는 조건자극의 분류는 없다. 단지 어떤 선행된 행동을 강화함으로써 그 행동이 반복되고 지속될 확률을 높이는 것이다. 이를 행동조성이라고 하며, 치료장면에서 많이 활용된다. 문제아나 지능이 낮은 아이들의 경우 부적절한 여러 가지 행동을 할 수 있는데, 그러다가 한 번 적절한 행동을 보일 경우에 바로 칭찬을 하고 다양한 강화물을 제공해주면 아이들은 그와 같은 적절한 행동을 더욱 자주 하게 될 것이다.

운동선수들에게 많은 징크스라는 것도 조작적 조건형성의 원리로 설명할 수 있다. 어느 날 프로야구 선수인 K가 경기 당일 아침에 늦잠을 자 눈곱도 못 뗀 채 부랴부랴 경기장으로 달려와 수염도 깎지 못한 덥수룩한 얼굴로 타석에 올랐다. 이상

하게도 기껏해야 평소에 5타수 1안타, 잘 하면 5타수 2안타에
머무르던 그가 이날은 홈런 두 개를 포함하여 5타수 4안타를
쳐냈다. 그다음 날 말끔한 얼굴로 선 타석에서는 5타수 무안
타에 병살타 두 개, 게다가 빈볼에 맞아 왼쪽 엉덩이에 타박상
까지 입었다. 우연히 이와 유사한 사건이 몇 번 반복된 이후로
K는 부지중에 '아! 경기 전에는 수염을 깎지 않아야 하나 보
다'라고 생각하게 된다. 이제 경기 전에 수염을 깎아서는 안
된다는 것이 그에게 하나의 징크스가 되었다.

　사실 이와 유사한 행동은 누구나 하는 것이다. TV가 고장
나서 잘 안 나오는데 신경질이 나서 왼쪽을 쳤더니 TV가 잘
나왔다면, 그 이후로 TV가 안 나오기만 하면 우선 TV의 왼쪽
부터 두드린다. 이는 극히 자연스러운 확률 계산에 따른 행동
이기도 하지만, 근본적으로는 행동조성의 원리가 기저에 깔
려 있는 것이다.

　지금까지 간략히 살펴본 학습의 원리인 고전적 조건형성과
조작적 조건형성을 바탕으로 학습 이론이 강박장애를 어떻게
설명하는지 살펴보기로 하자.


## 2) 마우러의 2단계 이론

　강박장애의 발생과 유지를 설명하기 위하여, 1960년에 마

우러Mowrer의 2단계 이론이 제기되었다. 이것은 앞서 설명한 두 가지 학습 이론에 근거하여 장애의 원인을 설명하는 이론이다. 2단계 과정은 공포반응의 획득에 작용하는 두 가지 학습의 원리, 즉 고전적 조건형성과 조작적 조건형성 과정으로 구성된다. 이 이론의 핵심은 고전적 조건형성에 의해 공포반응이 획득되고 조작적 조건형성에 의해 공포반응이 지속된다는 것이다.

어떤 사람이 역겨우리만치 더러운 공중화장실이나 이와 비슷한 장소에서 오염이나 감염에 관련된 충격적이고 혐오스러운 경험을 하게 되었다고 하자. 그는 이후로 당연히 공중화장실의 사용을 꺼리게 된다. 점차 자극이 일반화되면서 화장실이란 화장실은 모두 꺼리게 되고, 어쩔 수 없이 사용한 이후에는 예전에 겪었던 끔찍한 일을 연상하며 손을 여러 번 씻게 되고 점차로 손씻는 행위를 반복하는 횟수가 증가하게 된다. 여기까지가 고전적 조건형성에 의해서 화장실이라는 자극에 대한 공포반응이 형성되는 과정이다.

이후에 그는 화장실을 사용할 때마다 손을 수도 없이 씻어야 했고, 나중에는 거의 샤워를 하다시피 해야 그나마 불안감을 어느 정도 떨쳐버릴 수 있었다. 이와 같은 반복적인 씻기행동은 '오염에 대한 불안감을 일시적이나마 감소시켜주고 그로 인해 끔찍한 일을 당하지 않을 수 있었다'는 강화자극을 통

2. 학습 이론  *  **109**

해 강화되었다. 이것은 조작적 조건형성의 원리가 적용되고 있는 부분이다.

요컨대, 우선은 고전적인 조건형성의 원리에 의해 이전에는 중성적이었던 대상에 대해 공포반응을 획득하게 된다. 그리고 이 공포자극에 대한 회피반응이 일어나게 되는데, 회피행동 자체는 별다른 긍정적인 속성이 없지만 기능적으로 공포의 경험을 감소시켜주기 때문에 강화되어 지속된다. 다시 말하면, 조작적 조건형성의 원리에 의해 회피행동이 지속되는 것이다. 여러 동물 연구를 통해서 이러한 마우러의 원리가 지지되고 있다.

그러나 이 이론은 강박장애 증상이 지속되는 원인을 설득력 있게 설명해주기는 하지만, 장애의 발생 과정을 효과적으로 설명하지는 못한다는 단점이 있다. 한 가지 예를 들면, 많은 강박장애 환자에게서 한 가지 이상의 다양한 강박사고와 강박행동이 동시에 나타나는 것을 쉽게 발견할 수 있다. 고전적 조건형성의 관점에서 본다면, 이론적으로는 다양한 강박사고에 선행하는 다양한 혐오적인 사건들이 있어야만 한다. 물론 여러 가지 부차적인 강박적 사고가 일반화의 결과로 발달했다고 가정할 수도 있지만, 이를 설명하기 위해서는 또 상이한 강박적 사고들이 어떤 식으로든 서로 연결되어 있음을 증명해야 한다.

그러나 한 사람에게서 서로 무관해 보이는 상이한 강박사고가 동시에 나타나는 경우도 있고, 환경사건과는 무관하게 강박사고의 내용이 변화하는 경우도 있다. 이들은 고전적 조건형성 이론만으로는 강박장애를 완전하게 설명할 수는 없음을 말해준다.

### 3) 불안감소 이론

불안감소 이론 역시 조건형성의 학습 원리를 응용하여 의례화된 강박행위가 주관적인 불안감을 감소시키기 때문에 증상이 지속된다고 설명하는 것으로, 마우러의 2단계 이론과 크게 다를 바 없다. 손을 씻는 등의 의례행위는 불안의 감소라는 긍정적인 강화물과 결합되어 있다. 강박사고에 의해서 불안감이 증가했을 경우 의례행위를 함으로써 얻을 수 있는 긍정적인 결과는 일시적이나마 불안감이 가라앉게 된다는 것이다. 결과적으로 의례행위는 환자들에게 불안을 회피하게 하는 효과적인 수단이 되어 계속 강화되고 유지되는 것이다. 불안감소 이론은 강박장애가 지속되는 측면에 대해서는 설득력 있는 설명을 내놓고 있다.

변기에 가까이 갈 때마다 곧 죽을병에 걸릴 것 같은 불안감에 시달리는 환자가 있었다. 용변을 안 보고 살 수는 없는 노릇이고, 그렇다고 변기에 가까이 가자니 이것이 매일의 고역 아닌 고역이다. 변기에 가까이 갈 때마다 혹은 변기에 억지로 앉게 될 경우 샤워를 하지 않고는 견딜 수 없는 이 환자가 수용해야 할 사실은, 변기에 가까이 가고 또는 변기에 앉는다 하더라도 별일이 생기지 않는다는 것이다. 계속되는 씻기행동은 환자에게 일시적인 불안의 경감을 가져다주므로 자신에게는 효과적인 대처 방법으로 인식될 것이다. 그러나 실제로는 이러한 의례행위로 인해 환자는 자신의 오류적인 신념을 반증할 기회를 스스로 차단하고 있는 것이다.

강박행위가 불안을 감소시킨다는 이론을 검증하기 위한 목적으로 시행된 허드슨과 라크만(1972)의 고전적인 실험 연구가 있다. 이 실험에서는 강박장애 환자들에게 강박행위 수행에 대한 압박감을 일으키는 '오염물'과 같은 불안자극을 제시하고 나서, 이들이 의례행위를 하기 전과 의례행위를 한 후의 주관적인 불안감 수준을 측정하고, 이를 의례행위가 방지되거나 지연되었을 경우의 불안감 정도와 비교하는 것이었다. 주관적으로 보고하는 불안의 정도뿐만 아니라, 맥박이나 피부전도반응불안감을 느끼면 아주 미세한 정도로 피부에 땀이 나기 때문에 전류의 전도 정도에 차이가 나는데, 이를 측정해내는 방법임과 같은 생리적 측정치를 통해 환자의 반응이 어떻게 달라지는가도 살펴보았다.

실험 결과, 먼지나 병균에 대한 오염공포와 이에 따른 씻기행동을 보이는 강박장애 환자의 경우, 실험적으로 유도된 오염자극은 이들의 불안감을 증가시켰다. 이후에 의례행위를 하였을 때와 의례행위를 하지 못하게 차단했을 경우 환자들의 불안감의 정도가 어떻게 차이가 나는지를 살펴보았다. 우선 환자들에게 의례행위씻기를 하도록 했을 때는 고조되었던 불안감의 수준이 신속하게 감소하였지만, 아무런 의례행위도 할 수 없도록 하였을 때는 불안감이 상승하였다.

하지만 여기서 중요한 사실은, 의례행위를 하지 못하도록 한 후자의 경우에 30분 정도의 시간이 지나면 증가되었던 불안감이 자발적으로 감소한다는 것이다. 궁극적으로 의례행위를 차단하는 것은 환자의 주관적 불편감이나 불안감을 증가시키지도 감소시키지도 않았다. 주관적으로 호소하는 불안감이나 맥박, 피부전도반응 등의 측정치 모두에서 이러한 결과가 보고되었다.

의례행위를 하지 못하도록 했을 경우에는 일시적으로 불안이 급증하지만, 시간이 조금 지나면 불안과 불편감은 자발적으로 감소하여 의례행위를 수행함으로써 감소시킬 수 있는 정도에까지 불안이 감소하게 되고, 점차로 의례행위에 대한 저항력을 획득하게 된다. 이는 이 책 후반에서 다룰 '노출과 반응방지'라는 인지행동치료 기법의 핵심 원리를 이루는 것이기도 하다. 이 과정을 반복하면서 강박장애 환자는 자신의 의례행위가 반드시 필요한 것은 아니라는 사실을 배우게 된다.

이러한 행동의 효과가 일시적일지라도 순간순간의 고통을 덜어준다면 이것은 적응적인 기능을 지닌 것으로 간주되고, 반복적으로 수행되고 강화되면서 하나의 대처 방법으로 굳어지게 되는 것이다. 동물을 이용한 실험에서는, 동물들이 고통스럽고 위협적인 상황에 처하게 되면 이미 그전에 학습된 고정적이고 반복적인 방식의 행동에 집착하며 학습된 무기력감을 보인다는 셀리그만과 마이어(Seligman & Maier, 1967)의 고전적인 연구결과도 있다. 이는 다시 말하면, 과거에 학습된 불안감소행동과 현재의 스트레스 간에 논리적이고 기능적인 관계가 성립되지 않는다 하더라도 그 행동에 집착하게 될 수 있음을 의미한다.

지금까지 살펴본 학습 이론은 증상 지속의 측면에서는 적절한 이론적 설명과 연구 근거를 제시할 수 있으나, 장애의 결정적인 발생 원인과 증상 내용의 개인적 독특성을 포괄적으로 설명해내지 못한다는 단점이 있다. 과거의 고통스럽고 혐오스러운 기억, 즉 고전적 조건형성의 무조건자극에 해당하는 과거의 사건이 전혀 보고되지 않는 경우도 있으며, 있다고 하더라도 논리적으로 현재의 행동과 연결을 짓기 곤란한 경우가 많아 장애의 발생 과정에 대한 설명에 한계가 있다.

또 왜 먼지, 유리조각, 성병 감염, 대칭과 조화 등 특정한 주제들이 빈번하게 중상의 소재로 등장하는지에 대해 학습 이론만으로는 설명하기 어려워 보인다. 여기에 행동주의 이론과 학습 이론보다는 비교적 후기에 등장한 인지 이론이 합세하여 현상에 대한 보다 깊이 있는 이해가 이루어지고 있다. ◆

# 3. 인지행동 이론

    심리장애에 대한 여러 가지 심리학 모델 중 인지행동 이론이 취하는 기본적인 입장은 사람들이 이 세상을 어떻게 바라보고 해석하는가에 따라서 경험하는 바가 달라진다는 것이다.

    똑같이 어렵고 힘든 일을 겪어도 이에 대한 사람들의 반응은 각양각색이다. 사람마다 독특한 관점과 개성을 가지고 자기 방식대로 세상을 지각하고 나름대로의 설명틀을 가지고 살아가기 때문이다. 실제로 주변에서 어떠한 일이 '벌어졌는가'는 생각만큼 그리 중요한 일이 아니다. 이를 '어떻게 받아들이고 해석하는가'가 보다 중요한 의미를 내포하고 있으며 이에 따라 그 사건에 대한 정서, 감정, 행동반응도 달라진다.

    예를 들어, 실연을 당한 두 여성이 있다고 해보자. 한 사람은 물결처럼 흘러내리던 머리를 싹둑 잘라버리고 온 세상 시름을 짊어진 수도자의 표정으로 밥도 안 먹고 벽만 보고 누워

심한 우울감에 잠겨버렸다. 다른 한 사람도 실연당하기는 마찬가지였지만, 하루 이틀 먼 산을 바라보며 침울한 표정으로 있는가 했더니 곧 자리를 훌훌 털고 일어나 친구들과 함께 명동 밤거리를 구경하며 돌아다닌다.

남자친구로부터 절교 선언을 당한 일이 원인을 제공한 것은 틀림없지만, 절교 선언 자체가 이들의 감정 및 행동상의 반응을 결정한 직접적인 요인은 아니다. 이러한 하나의 사건을 어떻게 해석하는가에 따라서 이후의 반응이 달라지는 것이다.

첫 번째 여성은 이 사건에 매우 심각한 의미를 부여하였다. '이런, 비참하기 이를 데 없군. 난 못난 여자야. 내 얼굴이 그렇게 이상하게 생겼나? 아니면 내 성격이 불만스러웠나? 이제 그 사람은 다른 사람을 만나며 얼마나 내 흉을 보고 다닐까? 어디를 가도 그 사람과 같이 다녔던 기억이 떠오를 텐데. 밖에 돌아다니는 것도 괴로운 일이고…. 더 이상 다른 사람을 만날 수 있을 것 같지도 않아. 나 같은 사람을….'

반면에 두 번째 여성은 이 사건을 그다지 심각하게 해석하지 않았다. '남자가 어디 그 사람뿐인가? 더욱 좋은 사람을 만날 수 있을 거야. 헤어지게 된 것도 서로가 성격이 잘 맞지 않았기 때문이지 뭐. 서로가 더 잘 맞는 사람을 만나 행복하게 지내는 것이 더 현명하지 않겠어? 그 사람이 먼저 얘기를 꺼낸 것은 속 쓰리고 조금 자존심 상하는 일이기는 하지만,

어차피 그가 먼저 얘기하지 않았으면 내가 먼저 했을 이야기인 걸….'

주변에서 일어나는 일을 얼마나 합리적으로 해석하고 생각하는가에 따라서 우리의 감정반응 및 대처행동의 양상도 달라질 것이다. 인지 모델에서 내세우는 치료의 기본적인 목표는 사람들이 가지고 있는 비합리적인 생각의 내용이나 과정을 보다 합리적인 것으로 수정하는 것이다. 외적인 혹은 내면적인 어떤 사건에 대하여 각 사람의 인지는 일종의 매개자 역할을 하게 된다. 아무리 심각한 일을 경험한다고 하더라도 그 사람이 이를 왜곡하지 않고 있는 그대로 바라보며, 덜 치명적이고 덜 위협적인 것으로 받아들이고 해석한다면 이것은 그다지 심각한 부적응을 일으키지 않을 것이다.

남들에게는 사소해 보이고 '그 정도 일로 힘들어하는 것은 너무 소심하고 신경이 예민하기 때문'이라고 치부되더라도 자신에게 힘들다면 그가 살아가는 경험 세계 내에서는 정말로 힘든 일이다. "그냥 남자답게 잊어버려! 훌훌 털어버리라구!"라는 친구의 말도 아무런 위안이 되지 못하고, 오히려 힘든 내 마음을 이해해주지 못하는 무심함이 야속하게만 느껴질 것이다.

사람의 인지는 세상을 바라보는 안경과도 같다. 반듯한 사물을 보아도 렌즈에 굴곡이 있으면 시신경은 찌그러지고 울퉁

불퉁한 물체를 보고 있다고 알려줄 것이다. 많은 경우에 문제는 어떤 사건 자체가 아니다. 이를 받아들이고 나름대로 해석해내는 우리의 생각이 문제다. 엄밀한 의미에서, 우리는 서로 똑같은 세상을 살아가고 있지 않다. 각자가 보고 느끼고 주관적으로 경험하는 현상 세계 속에 서 있는 것이다.

강박장애에 대한 인지행동 모델은 다른 정신장애에 비하여 뒤늦은 1980년대에 들어서 제안되었다. 이 역시 다른 인지행동적인 접근과 마찬가지로 개인이 현상을 어떻게 파악하고 해석하는가에 따라서 그 경험 내용이 달라진다는 대전제로부터 문제를 헤쳐나간다. 여기서는 살코프스키스Salkovskis와 라크만Lachman이라는 두 심리학자가 제안한 강박장애 모델을 살펴보려고 한다. 두 이론은 많은 부분에서 유사성을 띠고 있다.

## 1) 살코프스키스의 인지행동 이론

살코프스키스는 1980년대 중반에 강박장애에 대한 인지행동적인 이론을 제안하였다. 이 이론은 강박장애 환자가 자신의 침투적인 생각으로부터 과도한 책임감을 느끼게 된다는 점을 지적하면서 이를 통해 장애의 발생과 지속을 설명하고 있다.

### (1) 과도한 책임감

이 이론에서 주목할 만한 부분은 이전에는 장애의 증상으로만 간주되어 온 '침투적인 생각'을 더 이상 증상으로만 보지 않았다는 것이다. 침투적인 생각이 발생하는 것을 누구에게나 있을 수 있는 자연스러운 현상으로 바라보고 이를 하나의 자극으로 파악했다는 점이 이 이론의 획기적인 특징이다. 치료가 필요한 심각한 수준의 강박사고는 아니라 하더라도 그와 유사한 내용의 침투적인 생각을 대부분의 사람이 경험하고 있음은 이미 언급한 바 있다. 침투적인 생각은 현상의 기초적인 자극일 뿐 그 존재 자체가 비정상임을 드러내는 것은 아니다.

이제 문제가 되는 것은 이를 경험하는 사람들이 침투적 생각의 내용과 침투적 생각이 발생했다는 사실, 그리고 자신이 그런 침투적인 생각을 지니고 있다는 사실에 대해서 비합리적이고 과도한 평가와 해석을 내림으로써 상황을 악화시킨다는 것이다. 특히 살코프스키스는 이 이론의 중심으로 강박장애 환자들이 침투적인 생각을 오류적으로 해석하고 평가하는 과정에서 과도한 책임감을 느끼게 된다고 제안했다.

강박장애 환자가 느끼는 책임감은 자신이나 남에게 해를 끼칠 것에 대한 두려움과 불안을 주된 내용으로 한다. '뭐든지 확인을 하지 않으면 무언가 나쁜 일이 일어날 것 같아서 견

딜 수가 없다'고 호소하며 정신과 외래에 찾아온 20대 초반의
남성 환자가 있었다. 처음에는 '가스 불을 안 끄고 나온 것은
아닐까?' '수돗물을 제대로 잠그지 않은 것은 아닐까?' '지갑
이나 핸드폰을 떨어뜨린 것은 아닐까?' 등의 의심이 상습적으
로 의식에 침투하였기 때문에 집을 나서려면 의례화되어 특별
한 순서로 고정된 반복적인 확인행동을 해야 했고, 길을 다니
면 뭔가 떨어뜨리지 않나 해서 계속 바닥을 살펴야 했기 때
문에 끊임없이 멈춰 서서 주변을 살피느라 발걸음을 뗄 수 없
었다. "무엇이 두려워서 그렇게 확인을 하는 거죠?"라는 질문
에, "확인을 안 하면 정말로 나쁜 일이 일어날 것 같아요. 집에
불이 날 것 같고, 수돗물이 온 집 안으로 넘쳐흐를 것 같고….
그렇게 되면 전부 다 내 책임이라고요"라고 응답했다. 이것이
바로 살코프스키스 이론의 핵심이다. '어떻게 해서든 무언가
를 하지 않으면 나쁜 일이 일어날 것 같고, 그것을 예방하지
못하면 다 내 책임인 것 같다'는 것이 강박장애 환자의 책임감
에 대한 역기능적인 신념이라는 것이다.

　　오 씨는 집 안 어딘가에 유리조각이 있을까 봐 하루에도
30회 이상 진공청소기로 온 집 안을 쓸고 다니며 강박적인
확인행동을 하는 30대 후반의 주부였다. 조금이라도 유리
조각이 있어서 아이들이 다치면 큰일이기 때문에, 아침에

일어나서 바닥 청소를 하는 것으로 하루 일과를 시작한다. 또 유리조각이나 날카로운 조각들을 집 안에 묻혀 들어올까 봐 걱정이 되었기 때문에 가족을 제외한 다른 사람들이 집에 들어오는 것을 몹시 꺼렸다. 그렇다고 유리로 만들어진 물건이 파손된 적이 있던 것도 아니고, 바닥에 유리조각이 떨어져 있을 리 만무하지만, 오 씨는 유리조각에 대한 불안감에 종일 사로잡혀 있다. '혹시 유리조각이 있어서 누가 찔리거나 다치기라도 하면 모두 내 책임이다'라고 믿기 때문이다.

살코프스키스는 과도한 책임감이 강박장애 환자가 보이는 특징적인 문제의 사고방식이라고 하였다. 사람들은 대부분 고의에서든지 아니면 실수로든지 나쁜 일을 저지르게 되면 그에 대한 책임감이나 죄책감을 느끼게 되는데, 이는 극히 정상적인 감정반응이라고 볼 수 있다. 그런데 강박장애 환자는 이 부분에서 매우 독특한 사고방식을 가지고 있는 경우가 종종 관찰된다. '어떤 나쁜 일이 일어나는 것 같은 생각이 들면, 나는 이를 방지하기 위해서 반드시 무슨 조치를 취해야만 한다. 그렇지 않아서 나쁜 일이 일어난다면, 이것은 내가 그 일을 고의로 저지른 것과 마찬가지로 나에게 책임이 있는 것이다.' 이들에게는 방지하지 못해서 부정적인 일이 일어나는 것은 부정적인 일을 고의로 저지르는 것과 마찬가지라는 것이다.

앞에서 예로 든 오 씨의 경우, 유리조각으로 인해 나쁜 일이 일어날 것을 두려워하고 있기 때문에, 이를 미연에 방지하지 못해서 누군가가 다치기라도 한다면 이것은 바로 오 씨 자신의 책임이라고 생각하는 것이다. 이것이 강박장애 환자가 지니고 있는 과도한 책임감이다. 강박장애 환자는 침투적인 생각, 이미지, 충동 등에서 자신이나 다른 사람들에게 해를 끼치게 될 가능성을 지나치게 높게 평가하고 이로부터 과도한 책임감을 느끼게 된다.

살코프스키스는 침투적인 생각을 반복적으로 경험하더라도 이로부터 해로운 일이 발생하는 것을 방지해야만 한다는 책임감을 과도하게 느끼지만 않는다면 그 결과는 단순히 우울감이나 불안감 정도에 머물 것이라고 제안했다. 책임감을 느끼게 되므로 그러한 해로운 일이 발생하지 않도록 막기 위한 특단의 조치가 필요해지는 것이고, 이것이 강박 증상으로 연결되는 것이다. 살코프스키스의 모델에 의하면 강박장애 환자가 느끼는 과도한 책임감의 내용은 다음과 같다.

- 매우 부정적 결과를 일으키거나 그러한 결과를 미연에 방지할 수도 있는 결정적인 힘이 나에게 있다.
- 위험한 일을 예측하고도 아무것도 하지 않았다면 나쁜

결과가 일어났을 때 비난을 받아 마땅하다.

- 일어남 직한 재난적인 일을 예방하기 위한 어떠한 조치
도 취하지 않았다는 것은 고의로 그 일을 일으킨 것이나
다를 바가 없다.

이에 대한 좀 더 합리적이고 타당한 생각은 상황에 따라 다
르겠지만 대체로 다음과 같을 것이다. '사실 나쁜 일이 일어
났을 때 순전히 내 잘못만으로 그렇게 되었을 가능성은 많지
않으며, 또 그런 일을 100% 예측한다 하더라도 어쩔 도리가
없는 일들도 있는 것이다. 미리 조치를 취하지 못해 실제로 나
쁜 일이 일어났다고 하더라도, 대부분의 경우에 이것이 고의
적으로 그런 일을 저지른 것만큼 비난받아 마땅한 일은 아닌
것 같다.'

그러나 앞서 기술된 바와 같이 과도한 책임감의 지각 등으
로 이어지는 침투적 사고에 대한 오류적인 해석과 평가는 자
기 스스로에게 지극히 합리적이고 당연한 것처럼 여겨지고,
자신의 신념체계와도 그다지 상충되지 않는 것들이므로 좀처
럼 수정하기가 어렵다.

## (2) 중화행동

과도한 책임감의 지각과 함께 살코프스키스 모델의 또 다

른 축을 이루는 요소는 역기능적인 '중화행위'다. 중화행위는 침투적인 생각으로 인한 불편한 마음 상태를 본래대로 되돌리고 바로잡고자 하는 의도에서 수행되는 대처행위 모두를 일컫는다. 의례화되어 반복적으로 수행되는 강박행위 역시 중화행위다. 커피의 쓴맛을 설탕과 프림으로 중화시키듯이, 침투적인 생각에서 기인하는 불편감을 상쇄시키는 것이 중화행위다. 이미 강박행위가 강박사고로 인한 불안감의 감소에 기여한다는 점을 학습 이론에서 살펴본 바 있다. 강박행위나 의례행위가 과정적인 측면에 초점을 맞춘 이름이라면, 중화행위는 그 자체의 기능적인 측면에 초점을 맞춘 것으로 볼 수 있다.

살코프스키스의 모델에 의하면 과도한 책임감을 감소시키고자 하는 어떠한 형태의 행위도 다 중화행위가 될 수 있다. 예를 들면, 오 씨의 사례에서 '바닥에 유리조각이 떨어져 있을 것 같다'는 의심과 걱정에서 비롯된 불안감을 감소시키고 어깨를 짓누르는 책임감을 떨쳐버리기 위해서 하루에도 몇 번씩 바닥을 청소하는 것이 바로 중화행위의 한 예가 될 수 있다.

이러한 중화행위는 즉시적으로 격한 불안감을 감소시켜주지만, 장기적으로 볼 때는 '자신이 침투적인 생각에 대해 매우 비합리적인 해석을 내리고 있으며, 필요 이상의 책임감과 불안감에 몸을 사리고 있다는 것'을 직면할 수 없게 한다는 점에서 매우 역기능적이다. 과도한 책임감과 같은 오류적인 신념은 이와 같은 식으로 중화행위에 의해서 지속된다. 침투적인 생각에 대한 오류적인 해석은 과도한 불안감과 책임감을 느끼도록 만들고, 일어날지도 모르는 나쁜 일을 방지하고 관련된 불편감과 과도한 책임감을 감소시키기 위하여 중화행위를 수행하게 하지만 그 효과는 매우 일시적이며 결과는 궁극적으로 역기능적이다.

중화행위를 하게 되면 일시적으로 불안감에서 해방되고 예측되는 해로운 일에 대한 책임감에서 벗어날 수 있게 된다. 따라서 중화행위는 불안감에 사로잡힌 강박장애 환자에게 그 자체로는 상당히 매력적인 강화물로 작용한다. 이는 앞에서 다룬 부적 강화 기제가 적용되는 전형적인 예다. 반면에 중화행위는 그 자체가 오히려 침투적인 생각을 연상시키는 단서가 되어 침투적 생각이 떠오르도록 유도하는 점화자극이 되기도 한다.

중화행위를 수행할수록 침투적인 생각은 이들의 내면에서 밤거리의 네온사인마냥 반짝거리며 더욱 주의를 집중시키게 만든다. 생각을 떨쳐버리려 노력하고 이 생각에 대처하는 의도적인 행위에 몰두할수록 이 생각은 더욱더 깊숙이 그리고 더욱더 빈번하게 의식을 파고들게 되는 것이다. 침투적인 생각은 누구나 경험하는 잡념에 불과한 하나의 자극일 뿐이지

만, 이것이 인지적으로 더욱 심화된 처리 과정을 거치며 오류
적으로 해석되고, 이러한 해석이 반증될 기회를 상실하게 되
어 성난 야생마와 같이 의식 속을 뛰놀게 되는 것이다.

요컨대, 살코프스키스의 모델은 개인이 침투적인 생각을
오류적으로 평가하여 과도한 책임감을 지각하고, 이를 통제
하기 위해 중화행위에 몰두하게 되어 결과적으로 침투적 인지
가 보다 현저히 주목받게 되고, 통제하기 어려운 반복적인 현
상으로 악화되어가는 순환 과정을 제시한 것이라고 볼 수 있
다(그림 참고).

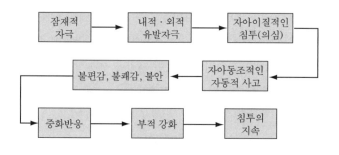

〈살코프스키스의 인지행동적 모델〉

이 모델에 따르면, 침투적인 생각이 과도한 책임감의 지각
으로 이어지지 않는다면 그 결과는 불안이나 우울과 같은 정
서 경험으로 끝날 가능성이 많고 추가적인 중화행위 역시 나

타나지 않을 것이다. 따라서 이 모델에 의하면, 침투적인 생각에 대한 오류적인 평가를 수정하고 동시에 중화행위를 하지 못하도록 막는 것이 임상적인 강박장애 증상을 잠재우는 데 가장 중요한 요소라고 할 수 있다.

## 2) 라크만의 모델

라크만에 의해 제안된 강박장애에 대한 인지 모델도 살코프스키스의 모델과 유사하나, 이 역시 침투적인 인지에 대한 오류적인 평가와 중화행위의 역기능성을 지적하고 있기 때문이다. 라크만의 모델은 개인이 자신의 침투적 인지를 재난적으로 해석함으로써 강박사고가 발생하고 지속된다고 보았다. 라크만의 이론에서도 침투적인 생각은 오류적인 해석과 평가의 시초가 되는 기초자극으로 간주되고 있다.

침투적인 생각을 재난적으로 해석하게 되면 개인에게 심각한 의미를 갖는 위협자극의 범위가 확장되고, 결과적으로 침투적인 생각은 더욱 빈번하게 의식으로 침투하여 이를 통제하는 것 역시 더더욱 어려워진다. 침투적인 생각을 재난적으로 해석하고 끔찍한 일이 일어날 것을 예상하게 되면 당연한 반응으로 다양한 형태의 중화행위가 나타난다. 중화행위는 일시적으로 불편감을 감소시켜주지만, 결과적으로는 재난적인 해

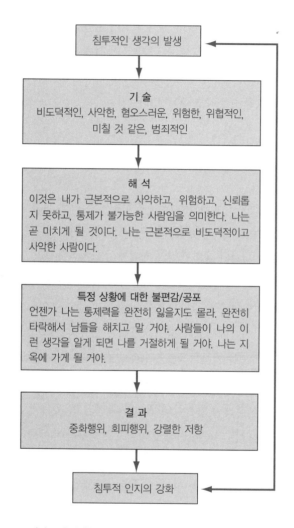

**침투적인 생각의 발생**

**기 술**
비도덕적인, 사악한, 혐오스러운, 위험한, 위협적인,
미칠 것 같은, 범죄적인

**해 석**
이것은 내가 근본적으로 사악하고, 위험하고, 신뢰롭
지 못하고, 통제가 불가능한 사람임을 의미한다. 나는
곧 미치게 될 것이다. 나는 근본적으로 비도덕적이고
사악한 사람이다.

**특정 상황에 대한 불편감/공포**
언젠가 나는 통제력을 완전히 잃을지도 몰라. 완전히
타락해서 남들을 해치고 말 거야. 사람들이 나의 이
런 생각을 알게 되면 나를 거절하게 될 거야. 나는 지
옥에 가게 될 거야.

**결 과**
중화행위, 회피행위, 강렬한 저항

**침투적 인지의 강화**

⟨라크만의 침투적 인지에 대한 재난적 해석 과정⟩

석 내용을 반증할 기회를 스스로 차단하고 오류적 해석을 계속 강화하며 악순환의 과정을 밟게 만든다. 결국 침투적인 생각에 부여된 재난적인 오해석이 지속되는 한 강박사고도 계속 유지될 것이고, 재난적인 오해석이 수정 또는 제거된다면 강박사고도 감소될 것이다(그림 참고).

요컨대, 인지행동 이론은 개인이 침투적인 생각의 내용과 그 발생을 어떻게 평가하고 해석하며, 또 이에 대처하는가의 양상을 통해 인지적 침투 현상을 설명하려고 한다. 침투적 인지의 내용으로부터 책임감 등을 과도하게 지각하고, 침투적 인지의 내용이 발생할 확률과 이에 대한 통제의 필요성을 과도하게 평가함으로써, 대다수의 사람이 무의미한 것으로 무시하는 침투적인 인지가 불안, 불편감, 죄책감 등을 유발하게 되고 점점 통제하기 어려운 현상으로 변질되고 지속되는 것이다.

인지 이론에 기반을 둔 치료 접근 역시 오류적인 해석과 평가 과정을 수정하고 개인의 의도적인 대처반응을 중단시키는 것을 가장 주요한 표적으로 다루고 있다.

## 3) 강박장애 환자의 사고 과정의 특징

살코프스키스와 라크만이 제안한 침투적 사고에 대한 과도한 책임감 지각 및 재난적 해석 외에도 강박장애 환자에게는 보통 사람들과는 다른 식으로 생각하고 판단하는 경향이 있어 보인다. 장애의 원인과 밀접하게 관련되어 보이는 몇 가지 주요한 특징을 함께 살펴보기로 하자.

## (1) 자신의 생각을 통제해야만 한다는 경직된 신념

자제력, 절제, 인내, 극기 등은 이들의 생각 기저에 흐르는 구호들이다. 여기에는 공통적으로 '통제'라는 이슈가 걸려있다. 이들은 생각 자체에 대한 것이든 생각에 관련된 상황에 대한 것이든 통제의 의무를 강하게 지각하는 사람들이다. 책임감의 과도한 지각도 어떤 의미에서는 생각의 내용과 관련된 상황을 통제해야 한다는 과도한 의무의 지각으로 이해할 수 있을 것이다.

오염된 것을 빨리 씻어내지 않으면 심각한 병균이 침투하여 치명적인 질병에 걸릴지도 모른다는 불안감이 의식을 송두리째 사로잡았다고 해보자. 이 환자는 곧바로 상황을 '통제해야만 한다'는 압박을 받을 것이다. 이것을 책임감의 용어로 다시 표현하자면 '이 상황을 빨리 통제하지 않으면(오염을 씻어내지 않으면) 앞으로 나쁜 일이 일어날 것이고, 그것은 모두 내 책임이다'와 같다. 통제의 대상이 반복적으로 침투해 들어오는 강박적인 생각, 이미지, 충동 그 자체이든 아니면 유리조각이 떨어져 있는 마룻바닥과 같은 강박사고에 포함된 상황에 대한 것이든 이들은 '자신의 의지하에 이를 통제해야만 한다'는 의무를 강하게 지각하고 있다는 점이 매우 특징적이다.

강박장애 환자는 자기의 생각을 완벽하게 통제해야만 한다고 생각하고 또 이것이 가능하다고 믿는다(Purdon & Clark, 1994; Salkovskis, 1985). 이를테면 '내 생각을 통제할 수 있기 위해서는 늘 마음속에 무슨 생각이 흐르고 있는지를 알아야 한다' '내 생각을 의지대로 통제할 수 있다면 나는 더 나은 사람일 것이다' '이런 생각을 통제하지 못하다니, 나는 참 연약하기 짝이 없는 인간이다. 난 정말 통제불능이다' '다 내 의지가 부족하기 때문이다. 의지력만 충분히 발휘한다면 이런 생각들을 완벽하게 다스릴 수 있을 것이다' 등의 생각들을 가지고 있다.

많은 연구에서 원치 않는 생각을 의도적으로 떨쳐버리거나 억제하려는 시도가 매우 역설적인 결과를 가져온다는 사실을 보고하고 있다. 자기의 생각을 완벽하게 통제하는 것을 과도하게 중요하게 여기는 사람일수록 오히려 강박사고의 침투 빈도가 더욱 높다는 것 역시 경험적인 연구를 통해 지지되고 있다. 이들은 침투적인 생각을 통제하기 위해서 다양한 사고통제의 방법을 사용하지만, 어느 것 하나 궁극적으로 도움이 되는 방법은 없다. 이것들 역시 일종의 중화행위이기 때문이다.

◆ **침투적인 생각의 통제 방법**

| 통제 방법 | 사 례 |
|---|---|
| 침투적인 생각을 다른 생각으로 대치함. | '부모님과 성관계하는 생각'이 떠오를 때마다 빨간 승용차가 고속도로를 질주하는 생각을 한다. |
| 침투적 생각에 집중해서 이를 생각하고 분석함. | 도대체 왜 이런 터무니없는 생각이 떠오르는 것인지 곰곰이 생각하고 분석한다. |
| 침투적 생각에 대해서 남들과 이야기함. | 남들도 그런 생각을 하는지, 그런 생각이 떠오르면 어떻게 하는지 물어본다. |
| 사고중지법. 속으로 혹은 겉으로 '안 돼, 그만!'이라고 외침. | 앞사람을 때리고 싶은 충동이 떠오를 때마다 '안 돼!'라고 외치고 허벅지를 꼬집어 자신을 처벌한다. |
| 침투적 생각이 중요한 것이 아니라고 스스로 안위하려 함. 다른 행동에 몰두함. | '이런 황당무계한 생각을 하다니. 괜찮아. 신경쓰지 말고 빨리 하던 일이나 계속해!'라는 생각을 한다. |
| 기도 등의 종교적인 방법을 사용함. | 신성모독적인 생각이 떠오를 때마다 음악을 듣고 청소를 한다. 기도를 통해 음란한 생각을 떨쳐버릴 수 없는 연약하고 죄악스러움을 회개한다. |
| 다른 사람들에게 정서적인 안도를 구함. | 문을 잠그고 나왔는지 전화를 걸어서 반복적으로 확인한다. 주변 사람들에게 반복적으로 '내 딸이 강간당하지 않았을 것이다'라는 확신을 구한다. |
| 기타: 자신을 비난함. 다른 걱정거리를 떠올림. | |

치료에 가장 도움이 되는 것은 강박사고를 그냥 내버려두어도 아무 일도 일어나지 않는다는 것을 확신하며 의도적인 통제의 노력을 포기하는 것이다. 어떠한 형태의 의도적인 사고통제 노력도 궁극적으로는 생각의 강도만을 높일 뿐이다. 또한 의도적으로 생각을 통제하려고 할수록 강박사고에 대한 죄책감, 걱정, 우울감, 불안감 등의 고통스러운 감정만 심해질 뿐이다.

문제는 이러한 의도적인 사고통제의 노력을 포기하기에는 이들이 자기 생각의 통제를 너무 중요하게 여기고 있다는 것이다. 내면에 어떤 생각들이 지나가고 있는지에 무관심한 사람들이 많다. 늘 시큰둥하게 뚱한 표정을 짓고 있으면서도 무슨 생각이 자신을 이렇게 만들고 있는지 별로 인식하지 못하는 사람들도 많다. 반면에 강박장애 환자 중 이처럼 사고통제의 중요성을 과도하게 평가하는 사람들은 자신의 생각에 대하여 혹독한 감찰자의 역할을 한다. 심지어 이들 중 일부는 이러한 생각을 가지고 있으면 실제로 이러한 일이 일어날 가능성이 높아질 것이라는 오류적인 생각을 하기도 한다. 또 이들은 침투적인 생각이 떠오르는 것 자체를 매우 불길한 징조로 여기기도 한다.

자신의 생각을 통제하는 것을 지나치게 강조하는 것은 부분적으로는 '이런 생각을 한 결과로 나쁜 일이 일어날 것이다'라는 등의 어떤 비합리적인 신념에서 비롯되는 것으로 보인다. 자신의 생각이 나쁜 행위에 필연적으로 이를 것이라 생각하면 그리고 이러한 행위는 좀처럼 용납될 수 없는 것이라고 여기면, 이런 생각을 떨쳐버리거나 억제하고 통제하는 것이 매우 중요한 '과제'가 되는 것은 당연한 일이다.

### (2) 생각의 중요성에 대한 과도한 지각

'단순히 이런 생각이 떠오른 것만으로도 그 생각은 매우 중요한 것임에 틀림없다' 이것이 강박장애 환자의 또 하나의 특이한 사고 경향이다. 대부분의 사람은 침투적인 생각을 잠깐 스쳐 지나가는 무의미한 잡념으로 무시하지만, 이들은 단순히 생각이 자신의 마음속에 떠올랐다는 것 자체만으로도 이 생각이 중요한 것임을 의미한다고 해석한다. 생각 자체를 '중요하게' 받아들인다는 것이 어떤 의미인지 같이 살펴보기로 하자. 우선, 강박장애 환자가 가지고 있는 다음의 생각들을 살펴보자(Amir, Freshman, Ramsey, Neary, & Brigidi, 2001; Obsessive Compulsive Cognitions Working Group, 1997, 2001; Shafran, Thordarson, & Rachman, 1996).

• 그것이 중요하기 때문에 내가 그 생각을 하고 있는 거야. 그리고 내가 이것을 생각하고 있기 때문에 이 생각은 중

3. 인지행동 이론 ✳ **135**

요한 것임에 틀림없어.
- 내가 그것을 생각한다는 것은 내가 그것이 실제로 발생하기를 바라고 있다는 것을 의미하는 거야.
- 이 생각은 단순한 잡념일 리가 없어. 이것은 내 무의식, 내 본성을 드러내는 것임에 틀림없어. 나는 이상하고 비정상이야.
- 이런 나쁜 생각을 하는 것은 실제로 그런 나쁜 일을 하는 것과 조금도 다를 바가 없어.
- 떨쳐버리고 싶은 생각이 있다는 것은 실제로는 그것을 하고 싶어한다는 것을 의미하는 거야.
- 나쁜 일에 대해 생각을 하는 것만으로도 그것이 실제로 일어날 확률을 증가시킬 거야.
- 난폭한 생각을 가지고 있는 것은 내가 통제력을 잃고 난폭해질 수 있음을 의미하는 거야.

이와 같이 '사고의 중요성'은 생각이 마음속에 존재한다는 인식에서 출발하여 다양한 오류적인 해석으로 이어져 자신의 본성에 대한 추론이라든지, 생각 자체가 지닌 실제성, 또는 생각으로 인한 실현 가능성 등을 과도하게 평가하게 만든다. 이 역시 강박사고가 지속되는 중요한 원인이 되는 것으로 보인다.

이처럼 침투적인 생각에 지대한 의미가 부여된다면 그 누

가 이런 생각이 떠오르도록 방치하고 있을 수 있겠는가? 여기
에는 생각을 통제하기 위한 의도적인 노력이 뒤이을 것임에
틀림없다. 실제로 생각 자체를 과도하게 중요하게 여기고, 단
순한 생각을 넘어서 매우 실제적인 것으로 해석하는 오류적인
사고 과정이 감소하게 되면, 강박사고의 빈도도 따라서 감소
하게 된다는 내용의 연구결과 역시 보고된 바 있다.

생각 자체에 과도한 의미와 중요성을 부과하는 오류적인
사고 경향 중에는 '사고행위 융합'thought-action fusion의 오류가
있다. 사고행위 융합이란 생각 자체에 과도한 의미를 부여하
여 생각과 행위의 경계가 허물어져서 생각이 바로 행동과 같
은 실제성을 띠는 것으로 간주되는 것을 의미한다. 여러 연구
자는 강박장애 환자에게 나타나는 사고행위의 융합에는 두 가
지 과정이 있음을 제안하였다(Shafran et al., 1996). 하나는 도
덕성 융합 오류이고, 다른 하나는 가능성 융합 오류다.

도덕성 융합 오류란 쉽게 말해 '못된 생각을 하는 사람은
실제로 못된 짓을 하는 사람과 하등 다를 바가 없다'는 것이
다. 나쁜 생각을 하는 것과 그런 행동을 실제로 하는 것 사이
에는 도덕적으로 차이가 없다는 것이다.

친 누나와의 성적인 공상을 떨쳐버릴 수가 없어서 심한 죄
책감과 우울감에 잠겨있는 고등학생 박 군이 있다. 보통 사람
들과 같이, '참, 나도 별 쓸데없는 생각을 하지…. 한심하구

만. 허허' 하고 무시해버릴 수 있다면 얼마나 좋을까? 그러나 박 군은 '이럴 수가. 내가 이런 끔찍한 생각을 하다니. 이런 생각을 하는 것은 실제로 누나를 겁탈하는 것과 마찬가지야' 라고 생각하며 고통스럽게 이를 억누르려고 했다.

결과가 어떠했을까? 오히려 흐릿하던 장면이 더욱 선명해지고, 정지 화상이던 것이 컬러풀한 동영상으로 바뀌며, 상영 횟수도 무한정 늘어나기 시작한다. 시간이 지날수록 생각을 떨쳐버리기 위한 노력도 투쟁적으로 변해가고, 점차로 이런 생각이 악질적인 강박사고로 발전되어가며, 생각과 행동의 경계가 흐물흐물해지고 말았다. 결과적으로 박 군은 혐오스러운 생각의 내용도 내용이거니와, 자책의 중압감에 심하게 시달려야만 했다. 이와 같이 행위와 사고의 윤리성을 동등하게 여기는 것이 도덕성 융합이다.

가능성 융합이란 '어떤 생각을 하고 있으면 이 생각을 하고 있음으로 인해 실제로 그런 일이 일어날 가능성이 높아질 것이다' 라는 식의 오류적인 사고다. 나쁜 생각을 하는 것만으로도 자신이나 남에게 그러한 일이 일어날 가능성을 증가시킨다는 것이다. 이러한 인지적 오류를 가지고 있다면, 매우 위험한 일을 생각하고 있는 것은 험난한 절벽 사이에서 외줄을 타는 것과 같은 긴장감과 불안감을 느끼게 할 것이다.

'한 살 된 젖먹이 아기를 창밖으로 내던지는 생각' 이 떠올라 몹시 괴로워하는 주부가 있다. 그녀는 이런 생각을 하고 있으면 실제로 그런 일이 일어날 가능성이 높아진다고 생각해 더욱 심한 불안감에 시달렸다. 끊임없이 내 아기가 안전하다는 것을 확인해야 하고, 집어던지지 않았다는 것을 확인하기 위해 수시로 창밖을 살펴봐야 했다. '남편에게 교통사고가 일어나면 어떻게 하지?'란 반복적인 생각에 괴로워하는 한 아내는 남편이 짜증스러워 견디기 어려워할 정도로 끊임없이 전화를 걸어 안부를 물어야만 안심이 되었다.

성적이고 공격적인 충동처럼 나쁜 생각을 하고 있으면 자신이 실제로 그런 일을 저지를 것만 같고, 교통사고나 에이즈 감염과 같은 위험한 생각을 되풀이해서 하면 그런 일이 실현될 것만 같이 느껴지는 이러한 가능성 융합 오류 역시 도덕성 융합과 마찬가지로 생각을 생각 아닌 실제적인 것으로 해석하여 '사고의 중요성'을 과도하게 평가하는 오류적인 과정의 하나다.

어떠한 혐오스러운 내용의 침투적인 생각일지라도 가장 효과적으로 대처하는 것은 '아무것도 하지 않는 것'이다. 그것도 아무것도 하지 않으려고 애쓰는 것이 아니라 그 생각을 무의미한 잡념으로 여기고 별다른 주의를 기울이지 않는 것이다. 그러나 생각 자체가 그토록 심각한 의미를 지닌 '실제'로 여겨지는 한, 이를 무시할 수 있는 사람은 거의 없을 것이다.

### (3) 과도한 위협의 자각

사람들은 평상시에는 느긋하게 있다가 위험이 눈앞에 닥치면 어깨를 움츠리고 긴장하게 된다. 즉, 별다른 위험요소가 눈에 띄지 않는 한 상황을 이유 없이 위협적이라고 느끼지는 않는다. 그러나 강박장애 환자는 이와는 정반대로, 완벽하게 안전하다고 증명되기 전까지는 평상시 상황을 위험한 것으로 간주하는 경향이 있다.

앞에서 예로 들었던 주부 오 씨는 바닥에 유리조각이 떨어져 있어서 누군가가 다치지 않을까 지속적으로 두려워한다. 보통 사람이라면 아무 일도 없었기 때문에 유리 제품이 깨지는 등의 어떤 사건이 일어나기 전까지는 집 안을 맨발로 돌아다녀도 신경을 쓰지 않을 것이다. 하지만 오 씨의 경우에는 유리조각이 어딘가에 박혀 있어서 누군가가 이것을 밟게 되는 위험한 결과에 지나치게 예민해져 있기 때문에, 아무 일 없는 평상시 상황을 매우 위협적으로 느끼고, 닦고 쓸고 또 닦고 쓸고 난 후에야 간신히 약간의 안정감을 느끼게 된다.

이들은 오 씨의 예에서 보듯이 혐오스러운 사건이 발생할 가능성을 비합리적으로 높게 평가하며, 혐오스러운 사건이 발생했을 때의 결과를 매우 심각하게 평가하는 경향이 있다. 여러 연구에서 강박 성향이 있는 사람이나 강박장애 환자에게는 혐오적인 사건이 발생할 확률이 높고, 그 대가를 과대평가하는 경향이 있다고 보고했다(Salkovskis, 1985; Woods, Frost, & Steketee, 2002). 그러나 이처럼 위협을 과도하게 평가하고 과민한 반응을 보이는 것은 강박장애에만 국한된 특징은 아니다. 다른 종류의 불안장애에서도 보편적으로 나타나며, 보통 사람들도 일시적으로 얼마든지 나타낼 수 있는 현상이다.

일상생활 속에서 우리가 불안을 느낄 때면 어떻게 하는지 생각해보라. 중요한 시험을 보거나 대중 앞에서 연설을 해야 하는 등의 중요한 일을 앞두고 있거나, 크고 작은 위협적인 일이 앞에 도사리고 있을 때 우리의 심리 상태는 평소와 비교하여 어떤 다른 모습을 나타내게 되는가? 때로 너무 긴장될 때는 최악의 사태를 떠올리며 아직 시작도 안 한 일에 대해서 미리 걱정하고 근심에 빠지기도 한다. 이런 때일수록 평상시에 비해 신경이 더욱 예민해지고, 사소한 자극에도 쉽게 짜증이 나거나 신경질적인 반응을 나타내고 쉽게 피로감을 느끼는 등 평소와는 다른 모습을 보이게 된다. 이러한 불안감이 끊임없이 지속된다면 매사에 부정적인 측면에 생각의 초점이 맞추어지고, 그런 일들이 실제로 일어날 확률이나 그 결과의 심각성을 실제보다 과도하게 평가하기 십상일 것이다.

강박장애 환자는 보통 확인되지 않거나 때로 매우 비현실적으로 보이는 위협자극을 두려워하며 회피행동을 하는 경우가 많다. 보통 사람에게서 발생할 확률이 거의 제로에 가까운 사건이 이들에게는 매우 심각한 위협이 되곤 한다. 위험한 일이 발생할 확률과 그 결과의 심각성을 과대평가하는 것은 당연히 이들이 불확실한 상황 속에 있는 것을 매우 불안하고 견디기 어려운 일로 만들어 버린다.

실제로 위험률이 높은 상황에서는 강박장애 환자나 보통 사람 간에 차이가 없지만, 위험률이 낮은 조건에서는 강박장애 환자는 실현 가능성이나 결과의 심각성을 보다 부정적으로 지각하는 경향이 있다. 실현 가능성이나 위험요소에 대한 과대평가 및 오류적인 해석은 그 자체로는 그리 심각한 문제가 아닌 것처럼 보이지만, 이러한 사고 과정은 역기능적인 강박행동을 유발할 가능성이 매우 높다는 점에서 증상을 악화시키는 중요한 원인이 된다. 무의미한 강박사고가 실제적이고 심각한 위협을 동반하는 것으로 여겨지니, 다양한 강박행동이 뒤따를 수밖에 없는 것이다. 과도한 위협 지각과 관련하여 강박장애 연구자들은 다음과 같은 특징적인 인지적 오류들이 강박장애에 나타난다고 지적했다(Obsessive Compulsive Cognitions Working Group, 1997, 2001; Salkovskis, 1985; Woods, Frost, & Steketee, 2002).

- 이 세상이 위험한 곳이라고 믿는다.
- 나에게는 나쁜 일이 남보다 더 잘 일어날 것 같다.

- 별것 아닌 일이 언제나 나에게는 큰 문제로 확장되는 것 같다.
- 내 주변의 것들은 다 확실한 것들이었으면 좋겠다. 예기치 못한 변화는 제일 견디기 어렵다. 모호한 상황은 너무 끔찍하고 적절하게 내 실력을 발휘하기 어렵다.
- 충분히 노력하고 의지력만 제대로 발휘한다면 모든 일을 확실하게 할 수 있을 것이다.
- 어떤 일이든지 완전히 확실하게 하지 않으면 실수를 저지를 것만 같다.

### (4) 불확실한 상황에 대한 과도한 위협 지각

사람들이 불확실한 상황에 처해 있는 것을 불편해하는 중요한 이유 중의 하나는 불확실성 그 자체에 담긴 두려움 때문이다.

공포영화나 스릴러 영화를 볼 때 머리털이 쭈뼛쭈뼛 서게 하는 긴장감을 느끼는 순간은 언제인가? 피범벅이 된 유령이 나타났을 때인가? 도끼를 든 흉물스러운 범인과 눈이 마주쳤을 때인가? 사실은 그렇지가 않다. 가장 긴장되는 순간은 공포의 대상이 출현하기 이전에 어디선가 무엇이 튀어나올 듯 말듯 '불확실한 예측 불가의 상황'에서다. 상황을 통제할 수 없다는 것, 통제할 수 없는 상황을 예측조차 할 수 없다는 것은 사람들을 무기력하게 만들고 심한 스트레스를 느끼게 하는 법이다.

다수의 연구자가 강박장애에 나타나는 중요한 인지적 특징 중의 하나가 불확실성에 대한 인내력의 결핍이라고 하였다 (Tolin, Abramowitz, Brigidi, & Foa, 2003; Tolin, Woods, & Abromowitz, 2003). 이러한 인지적 오류는 상황에 대한 과도한 위협 지각과 더불어, 강박장애 환자가 사소하고 비현실적인 잠재적 위험에도 과도하게 불안해하고 안전과 완벽을 추구하는 강박행동에 몰두하게 하는 원인을 제공하는 것으로 보인다.

### (5) 증명할 수 없는 가상적 위협에 대한 두려움

강박장애 환자는 이러한 오류적인 과대평가 경향으로 인해서 일상생활에서 좀처럼 안정감을 느끼기가 어렵다. 모든 유형의 강박장애 환자에게 해당하는 것은 아닐 수도 있지만, 결정적으로 이러한 오류적인 사고 과정에 기여하는 요인은 이들이 두려워하는 대상이나 상황 그 자체가 지닌 자극 속성 때문이기도 한 것 같다.

대체로 이들이 나타내는 공포반응은 보통 사람들과는 상이한 양상을 띠고 있다. 속옷에 유리조각이 묻어 들어와 찔릴까봐 걱정하며 하루에도 몇 번씩 반복해서 속옷을 갈아입고 확인하는 환자에게 실제로 속옷 안에 들어온 유리에 찔려본 적이 있는지 물었는데, 그의 대답은 "아니요"였다.

이들이 각자의 증상과 관련하여 찾아내고 확인하고 안전하게 되돌리려는 위험요소란 좀처럼 발견하고 관찰하기 어렵거나 실제로 그렇게 될 가능성이 거의 없는 것들이 많다. 다시 말하면, '확실히 아니다, 절대로 그렇지 않다'고 말할 수 없는 것들에 대해서 두려워하고 있다는 점이 중요한 문제가 되는 것 같다. 이들의 부적절하리만큼 세부사항에 집착하는 성격적 특성과 맞물려 이들이 두려워하는 것은 많은 경우 세세하고 미세하고 보이지 않는 것이기에 항시 그 위험성을 완전히 배제하기가 어려워지는 것이다.

개가 무서운 사람은 개를 팔아버리거나 피해버리면 더 이상 무섭거나 불안할 것이 없다. 또한 개는 있으면 확실히 있는 것이고, 없으면 확실히 없는 것이다. '우리 집에 똥개가 숨어 들어 있다가 나에게 달려들지도 모른다'며 막대기 들고 이 방 저 방 문을 열어젖히며 확인한다는 강박장애 환자가 있다는 이야기는 여태껏 들어본 적이 없다.

그러나 보이지 않는 에이즈균이나 성병균을 두려워하는 사람은 결정적으로 불안을 떨쳐버릴 방법이 별로 없다. 어딘가에 있을지도 모르니까. 이들은 각각 일말의 실현 가능성을 지니고 있어서 그 가능성을 완전히 배제하기 어려운 대상을 두려워하고 있기 때문에 늘 두려움과 불안감을 느끼며 완벽한 안전 상태를 추구하고 있는지도 모른다. 결과적으로 실현 가능성이나 위험률이 '개가 잠복해 있는 것'에 비해 훨씬 높은 것으로 지각될 것이다.

이들은 '발생 가능성이 너무나 희박한 소설적 허구와 같은 사건'과 '발생 확률은 낮지만 그래도 개연성이 있는 사건'을 적절히 구분하지 못하는 것으로 보인다(O'Conner & Robillard, 1995). 완벽하게 실수나 오점이 제거된 수준까지 확인행동을 했기 때문에 의례행위를 멈추는 것이 아니라, 결국에는 미신적인 이유나 피로감에 의해서 행위를 멈추게 된다. '열다섯 번이나 확인을 했으니 이제는 충분하겠지'라는 식으로.

책상 위에 뭔가가 있을 것 같다는 의심은 육안으로는 관찰할 수 없는 미생물 또는 먼지라도 있을 것이라는 개방적인 안목에 의한 것이 아니다. 거의 '무언가가 거기 반드시 있다'는 하나의 신념에 가까운 것이다. 이러한 가설은 좀처럼 증명될 수 없고 계속해서 불안감과 의심만을 증폭시킬 뿐이다. 책상이 깨끗하게 청소되었다는 현실적인 근거는 아무런 위안이 되지 못한다. 만일 이들의 의례행위가 오염이나 실수와 같은 부정적인 상태를 바로잡기 위한 것으로서 실제로 효과가 있는 것이라면 의례행위를 거듭함으로써 문제해결에 접근해야 한다. 그러나 이들은 의례행위를 반복함으로써 추가적인 정보를 얻거나 문제해결에 접근한 것도 아니고 단지 가상적인 의심만을 반복할 뿐이다.

## (6) 왜곡된 추론과 오류적 결론

지금까지 살펴보았듯이 강박장애에 대한 인지행동 이론은 불안을 일으키는 것이 사고 자체로 인한 것이기보다는 침투적인 사고에 대한 비합리적인 해석과 평가로 인한 것으로 파악되고 있다. 이와 더불어 오코너 등 강박장애 연구자들은 강박장애 환자에게서 나타나는 왜곡된 추론 과정이 어떻게 강박장애에 기여하는지에 주목하였다(O'Connor & Robillard, 1995). 특별히 오코너는 강박장애 환자가 일반적으로 보이는 몇 가지 주요한 추론 과정상의 오류와 다양한 임상적 예들을 다음과 같이 제시하였다.

첫째, 이들은 보통 사람들이 가진 추론 과정을 역행하는 식으로 현상의 인과를 추론한다. 많은 경우에 강박장애 환자도 자신의 의례행위가 무모한 짓이라는 것을 알고 있다. 바보 같고 할 필요가 없는 짓인데 단지 멈추지 못하고 있을 뿐이라고 이야기하는 경우가 많다. 이들은 경우에 따라서 거의 99%의 정도로 자신이 의례행위를 하지 않아도 된다는 사실을 확신할 수도 있다. 그러나 이들은 1%의 가능성에 집착하며, 이 1%가 문제의 근원이 된다.

정상적으로 바닥에 흩어져 있는 흙먼지와, 진흙이 엉겨 붙어 있는 구두를 보고서 '이곳으로 진흙을 밟았던 사람들이 많이 지나갔나 보다'라고 추론하는 것은 자연스러운 일이다. 그러나 강박장애 환자는 '더러운 신발을 신고 지나간 사람들이 있을 것이다'라는 가정에서 출발해서 '분명히 바닥에 진흙이 있을 것이다'라는 추론을 한다. 또 아무리 시각정보가 바닥에 더러운 오물이 떨어져 있지 않다고 입력되어도 이를 무시한다.

둘째, 이들은 정확하지 못한 기억에 근거한 추론을 한다. 이들의 추론 과정에서는 서로 관련이 없는 개별적인 과거의 두 사건이 합쳐져서 이상한 내용으로 결합되는 경우가 있다. 우연하게도 거의 동시에 또는 연속적으로 일어났지만 서로 별 관련이 없는 사건들이 결합되어 하나의 증상을 이루는 것이다.

어떤 강박장애 환자는 위층 욕실에서 개미를 한 마리 본 날, 바로 아래층 욕실에서 키가 큰 화초가 창으로 스며드는 바람에 살랑살랑 흔들리는 것을 보았다. 서로 무관한 두 기억 간의 연합이 생겨 그 이후로 '개미가 흔들리는 화초의 잎사귀에 매달려 있다가 내가 욕실에 있을 때 등으로 떨어질 것이다. 나무 밑에 가면 벌레가 떨어질 것이다'라는 내용의 강박사고에 시달렸다.

셋째, 이들은 부적절한 감각 양상에 의해 추론을 하기도 한다. 옷이 제대로 정리된 것을 눈으로 봐서 알기보다는 옷이 걸리는 소리에 의해서 자신의 옷이 잘 정리되었다는 것을 확인하는 강박장애 환자도 있다. 문이 닫혔음을 보아서 아는 것이 아니라, 문을 닫으려고 반복한 자신의 노력의 정도에 대한 주관적인 감각에서 문이 닫혔다고 자위하게 되는 것도 마찬가지일 것이다.

이러한 추론 양상이 모든 강박장애 유형에 적용되는 것은 아니더라도, 적어도 이들은 자신의 증상 영역에서는 보통 사람들과 상이한 방식으로 현상의 인과관계를 판단하는 것처럼 보인다. 특히 어떠한 의심되는 사실에서 사건의 발생 가능성이나 결과의 심각성을 오류적으로 추론하는 과정에 대한 연구는 강박장애의 증상 유지와 밀접한 관련을 가졌을 것으로 보이므로 세밀한 관찰이 필요하다. ◆

# 4. 사고억제의 반동 효과

사람들은 평소에 심리적인 안정감과 편안함을 추구하는 경향이 있다. 그러므로 자신이 원치 않는 불편한 생각이 떠오를 경우에 자동적으로 이를 억제하거나, 불쾌한 감정 상태를 피하기 위해 갖가지 방법을 시도하여 자신의 심리 상태에 영향을 미치려고 한다. 하지만 이렇게 자신의 마음을 의도적으로 통제하려는 시도는 오히려 원치 않는 사고와 행동들이 재현되거나 더 자주 발생하게 하는 역설적인 결과를 가져오기도 한다.

자신의 마음을 통제하려는 여러 가지 시도 중에서 특히 의도적으로 생각을 억제하는 것은 강박장애와 관련이 많은 것으로 알려져 있다. 사고억제는 '특정한 생각을 하지 않으려는 의식적이고 의도적인 노력'으로 정의할 수 있는데, 많은 연구에서 어떤 생각을 억제하려는 능동적인 시도는 그러한 시도를 하지 않은 경우보다 오히려 그 생각에 더욱 집착하게 만드는 역설적인 효과를 생성한다는 결과가 보고된 바 있다.

웨그너Wegner 등의 연구자들은 1987년에 사고억제와 관련된 연구들의 효시가 된 실험을 하였다. 연구자는 우선 피험자들에게 흰곰에 관한 생각을 하지 않도록 하고, 떠오르는 생각들을 보고하다가 흰곰에 관한 생각이 떠오를 때마다 벨을 누르게 하였다. 이 조건의 피험자들은 처음부터 흰곰을 생각하도록 요구한 조건의 피험자들보다 이후의 표현 조건에서 흰곰에 관한 생각을 더 많이 보고하였다.

특정한 생각을 억제하려는 노력은 일시적으로는 성공을 거두었지만 뒤이은 시기에 표현하게 했을 때는 '역설적인 반동효과'라고 불리는 사고 빈도의 증가로 이어졌다. 이렇게 특정한 생각을 의도적으로 억제하려는 시도는 원치 않는 결과를 초래할 수 있다.

웨그너 등은 이러한 반동 효과를 설명하고자 처음에는 사고를 억제하기 위해 사용하는 방략에 초점을 두었다. 사고억제는 특정의 주의분산 사고를 사용하면서 시작된다. 주의분산 사고란 원치 않는 생각으로부터 주의를 분산시키기 위해 표적으로 삼는 대체 사고를 말한다. 예를 들어, 죄책감을 주는 음란한 생각을 회피하기 위해 성경 구절을 생각하거나 교회의 정경을 떠올리는 것 등이 일종의 주의분산 사고라고 할 수 있다. 그러나 생각의 억제가 계속 반복되면서 원치 않는 사고와 주의분산 사고들 간에 연합이 형성되고, 결국에는 주의분산 사고로 사용되었던 다양한 생각, 심상, 기억 등이 회피하려는 사고를 떠오르게 만드는 광범위한 연상 단서로 기능하게 된다는 것이다.

이후에 웨그너는 사고억제의 역설적인 효과를 설명하면서 이와는 다른 가설을 제안하였다. 이 설명에 의하면, 생각을 억제하려는 의도는 두 과정을 활성화시킨다. 하나는 원하는 상태를 유지하고 통제하는 것을 목표로 하는 '작동 과정'이고, 다른 하나는 원하는 상태와 어긋나는 감각이나 생각을 자동적으로 탐지해내는 '검색 과정'이다. 의도적인 작동 과정은 의식적이고, 노력이 필요하며, 인지 부하나 주의분산, 스트레스, 괴로움, 시간 압력, 불안 등에 의해 쉽게 손상될 수 있다. 반면에 검색 과정은 무의식적이고, 노력이 덜 필요하며, 의도적인 억제나 조절이 어렵고, 인지부하 등에 의해 영향을 받지 않으며 자동적으로 작동한다.

이러한 검색 과정은 심리 통제가 실패하는 것을 주의 깊게 지켜보는데, 인지 부하 등에 의해 작동 과정이 제한되면 특정한 감각이나 사고를 억제하려는 노력은 오히려 억제된 정보들을 활성화하여 기억에서 더욱 접근 가능하게 만든다는 것이다. 즉, 억제가 정보에의 접근 가능성을 증가시키는 외부 단서처럼 작용하는 것이다. 그러므로 스트레스나 불안이 있을 경우에는 특정 사고를 통제하려는 시도가 오히려 의도와는 반대되는 역설적인 결과를 야기할 수 있으며, 이에 따라 강박사고나 강박 증상들이 더 증폭될 가능성이 있는 것이다.

이러한 불쾌하고 원치 않는 사고는 강박장애 외에도 범불안장애, 외상후 스트레스 장애와 같은 여러 가지 불안장애나 우울증, 건강염려증 등에서 나타날 수 있으며, 정상인도 일상생활에서 이러한 사고들을 흔히 경험한다고 보고한다.

어떤 한 가지 생각에 주의를 집중하는 것은 그리 쉬운 일이 아니다. 그러나 더 어려운 일은 실제로 어떤 생각을 의도적으로 억제하는 것이다. 이러한 의도적인 사고 억제는 오히려 원치 않는 생각의 빈도나 강도를 증가시킨다는 점에서 매우 비효율적이라고 할 수 있다. 이런 맥락에서 얻을 수 있는 시사점은, 원치 않는 생각을 통제하는 효과적인 방법 중 하나는 역설적이지만 오히려 통제하려는 시도를 포기하는 것이라고 할 수 있다는 것이다. 실제로 이것이 얼마나 가능한지, 어떻게 가능한지는 다양한 맥락에서 고찰되어야 할 것이지만, 어떤 생각을 통제하려면 오히려 그 사고를 통제하려는 시도를 포기해야 한다는 시사점은 상당한 역설을 내포하고 있다. ◆

# 5. 정서-동기적 설명

근래의 심리학적 연구결과는 강박상애가 크게 두 가지 동기에 의해서 유지된다고 제안한다. 한 가지는 위험 회피harm avoidance의 동기다. 특히 강박적인 씻기행동이나 확인행동의 경우, 개개인이 강박행동을 하는 근본적인 동기는 위험을 피하기 위함이다. 오염으로 인해 발생할지도 모를 심각한 신체적 질병, 부주의와 실수로 인해 일어날지도 모를 파국적인 결과, 공격적인 충동으로 인해 누군가를 상해하게 될 위험 등 이들의 강박행동은 일어날지도 모를 위험을 예방하고자 하는 강력한 동기에서 비롯된다.

두 번째 동기는 불완전감sense of incompleteness에 대한 회피다. 불완전감이란 자신의 행동이나 감각, 혹은 외부 상태에 대한 지각이 "딱 맞지 않다not just right"는 모호한 불편감을 의미한다. 앞서 설명했듯이, 재난적 결과에 대한 두려움과 무관한 반복행동의 경우 이와 같은 불완전감을 제거하기 위한 강한 동기가 행동의 밑바탕에 깔려 있다. 여전히 맴도는 '이건 아니야. 아직 맞지 않아. 아직 찜찜해'와 같은 불완전감이 사라질 때까지 강박적인 행동을 반복하게 된다. 강박적인 씻기나 확인 및 정리정돈의 행동을 얼마만큼 반복해야 멈출 수 있을까? 두 번, 세 번 혹은 다섯 번? 예를 들어, 종종 강박증 환자가 특정한 숫자에 대한 미신적 집착으로 강박행동을 반드시 홀수 번 혹은 7회 반복하는 경우가 있다. 하지만, 또한 많은 경우에 그들은 강박행동을 불완전감이 사라져 스스로 됐다고 하는 느낌이 들 때까지 반복한다.

연구에 의하면 80% 이상의 강박장애 환자가 불완전감을 경험한다. 서머펠트Summerfelt는 강박장애가 위험 회피와 불완전감 회피라는 두 가지 개별적인 동기에 의해서 유지된다고 제안하였다. 최근에는 이 두 가지 동기 모두 강박장애의 증상과 밀접한 관련을 맺고 있음을 증명하는 연구결과들이 증가하고 있다. ❧

# 6. 정신분석적 설명

　프로이트는 강박신경증에 많은 관심을 가지고 있었다. 그의 주요 사례 12개 중 2개, 작은 사례들 133개 중 32개가 강박신경증 내담자에 관한 연구들이었다. 프로이트는 "강박신경증은 가장 흥미롭고 가치 있는 연구 분야다. 그러나 아직 정복되지 못한 문제임에 틀림없다"고 하였다.

　프로이트는 사람의 마음이 자아, 원초아, 초자아라는 가설적인 세 부분으로 구성되어 있다고 보았다. 그런데 공격성과 같은 추동 욕구의 표현이나 해소와 관련하여 이 세 장치 간에는 상당한 갈등이 빚어질 수 있으며, 결과적으로 불안이 발생할 수 있다. 이러한 불안은 원초아에서 비롯된 위협적인 추동 욕구로부터 스스로를 보호하기 위해 자아가 방어기제를 발동시키는 위험 신호로 작용하고, 결국 자아와 원초아 간에 '타협'이 형성되게 된다. 이러한 타협은 생각이나 행동을 비롯한

**자아의 삼원구조**

아이는 부모의 금지와 칭찬을 경험하면서 자라게 되는데, 이런 경험이 반복되면 아이는 부모의 칭찬과 처벌에 일정한 규칙이 있음을 알게 되고 이를 내재화하게 된다. 이렇게 내재화된 초자아는 자기를 관찰하고 평가하고 이상과 비교한다. 이에 따라 비판하고 처벌하여 고통스러운 느낌을 받게 하거나 칭찬하고 보상을 주어 자존감을 고양시킨다.

즉각적으로 만족하려는 원초아 욕구가 쾌 원리를 통해 발현하지만, 현실적으로 항상 이러한 욕구가 만족될 수는 없다. 이런 상황에서 환경적 여건과 원초아적 추동 사이를 중재하여 추동 만족을 지연함으로써 나중에 충족하게 하는 기능을 하는 자아가 발달하게 된다. 프로이트는 이렇게 원초아적인 욕구의 만족이 지연되기도 하고 좌절되기도 하는 과정에서 자아가 형성되는 것으로 보았다.

사람은 생물학적 기초를 갖는 욕구 혹은 추동에 의해 지배된다. 하지만 이러한 추동은 생득적인 행동도식인 본능과는 다르다. 원초아 추동이 일어날 때에는 이를 당장 충족하여 쾌감과 만족을 얻고 고통은 당장 회피하려고 하는데, 이를 쾌 원리라고 한다.

여러 가지 형태의 증상으로 발현된다. 대부분의 심리 증상은 자아와 원초아 간 타협 형성으로 볼 수 있는데, 이러한 증상은 원초아에서 비롯된 위협적인 추동 욕구를 방어하면서, 다른 한편 현실적으로 덜 갈등적인 변형된 형태로 이것을 표출할 수 있게 해준다. 이러한 의미에서 타협형성은 억압된 갈등을 반영하며, 이러한 갈등과 관련된 긴장과 압박을 간접적으로 해소할 수 있게 해준다.

예를 들어, 가정을 전혀 돌보지 않는 무심한 남편에 대한 분노 감정이 오랫동안 쌓인 한 아내가 있었다. 남편에게 느끼는 강한 분노 감정이나 적개심을 직접적으로 표출하는 것은 자아에게 상당한 위협과 불안감을 느끼게 할 수 있으며, 다른 한편 이러한 갈등적인 감정이 전혀 표현되지 못하고 억압되어 있는 것 역시 상당한 긴장과 불편감이 야기되었을 것이나. 이러한 갈등에 대한 타협의 결과로 아내는 의학적 원인이 잘 밝혀지지 않은 두통이나 복통과 같은 다양한 심인성 신체 증상을 통해 대처할 수 있다. 이제 아내는 이와 같은 신체 증상들을 호소하면서 그동안 벗어나기 어려웠던 집안일에서 손을 놓을 수 있게 되었고, 결과적으로 남편은 억지로라도 가사의 일부를 떠맡게 되었으며, 아내에게 더 많은 관심을 쏟아야만 했다. 아내는 바로 이 신체 증상들을 통해 자아에게 덜 위협적이고 현실과의 충돌도 최소화할 수 있는 방식으로 자신의 공격성을 해소할 수 있었던 것이다. 이것이 증상을 통한 타협형성이다. 물론 이것은 상당 부분 무의식적으로 진행되는 과정이다.

정신분석적인 입장에서는 모든 다른 신경증적 증상에서와 마찬가지로 강박 증상도 일종의 타협형성이라고 본다. 신경증적 증상은 불안의 실제적 근원을 경험하고 인식하는 것을 방해하며, 심리내적으로 경험되는 갈등과 불편감을 감소시키려는 무의식적 의도를 지닌다. 이러한 갈등은 위협적인 욕구나 충동으로부터 발생한다. 특히 강박장애 내담자들의 경우 성적인 욕구나 공격적인 충동, 분노감 등이 기저의 주요한 갈등원이 된다고 알려져 있다. 이와 관련하여 내담자는 수치심이나 죄책감 등을 과도하게 경험하고, 직접적으로 이런 느낌들을 표현하거나 건강한 방식으로 적절히 대처하지 못하는 경우가 많다.

이러한 갈등과 억제의 패턴은 생의 초기에 학습된다. 어린 시절에는 아이들이 고군분투하지만 이러한 갈등을 적절히 다룰 만한 인지적 · 정서적 자원이 제한되어 있다. 결과적으로 성장 과정에서 다양한 갈등을 경험하게 될 때 아이들은 이러한 욕구를 감추려고 하거나 위장하기 위해 많은 조작을 수행하게 된다.

강박사고나 강박행동 역시 이러한 심리내적인 불안이나 긴장을 통제하기 위해 나타나는 증상으로 볼 수 있다. 아동기를 거치면서 겪을 수 있는 위협적인 욕구나 충동은 적절히 표출되거나 다루어지지 못한 채 감당하기 힘들다고 여겨지는 수치심이나 죄책감 등으로 남을 수 있는데, 이러한 다양한 심리적 불편감에 대처하는 방식으로 강박장애를 비롯한 다양한 심리증상이 나타날 수 있을 것이다.

## 1) 방어기제

프로이트는 강박사고나 강박행동을 인생 초기에 억압된 사고, 적개심, 죄책감 등이 이후에 재활성화되어 나타난 것으로 보았다. 이러한 초기의 억압에 대한 반응으로, 그리고 경험되는 생각이나 정서를 부분적으로라도 표출하기 위해서 강박장애 내담자들은 여러 가지 방어기제를 사용한다. 방어기제는 자아가 스스로를 보호하기 위해서 무의식적으로 사용하는 방법들로, 의식적인 자아를 위협하고 있는 충동들을 다룬다. 격리, 주지화, 대치, 반동형성, 취소하기 등이 강박장애 내담자들이 빈번하게 사용하는 방어기제들이다.

### (1) 격리와 주지화

격리isolation는 생각에서 정서적인 부분을 분리시키는 것이다. 결과적으로 의식 속에 남아 있는 것은 감정적인 요소가 배제된 무채색의 관념적인 내용뿐이다. 예를 들면, 난폭한 행위에 대한 내용의 강박적 사고를 경험하는 경우, 이에 수반될 수 있는 분노 등의 감정이 배제된다. 이들은 '무엇이 발생하고, 그것이 어떻게 발생했으며, 그때 누가 같이 있었고' 등의 사실적인 기억은 길게 설명해도 그 사건과 관련된 느낌이나 감정은 적절히 표현하지 못한다. 감정 표현을 요구하면 모호하고 감정과는 무관한 상태에 대해 진술한다.

주지화intellectualization 역시 강박장애 내담자들의 단골 메뉴
다. 이 역시 갈등이 되는 감정을 회피하고, 지적인 개념과 관
념의 세계로 도피한다는 점에서 격리와 유사한 기능을 한다.
매우 추상적이고 관념적인 내용에 골몰하지만 실제로는 상당
한 불안감을 느끼며 내면의 갈등으로부터 회피하고 싶은 것이
다. 그러나 이러한 격리나 주지화는 완전히 성공적이지 못하
며, 잠재되어 있는 충동과 욕구 및 갈등이 되는 감정은 계속해
서 불편감을 느끼게 한다.

### (2) 대치

대치displacement는 정서적 관심이나 강도의 초점을 본래의
근원으로부터 자아에게 덜 위협적인 다른 생각이나 행동으로
바꾸는 것이다. 예를 들어, 특정 과제를 수행하는 과정에서 사
람들은 '글을 쓰는 스타일이 적합한가, 내용이 적절한가, 전
체적으로 가치가 있는가, 다른 사람들에게 어떤 평가를 받을
것인가' 등의 생각을 하면서 불안을 느낄 수 있다. 이런 과정
에서 대치라는 방어기제를 통해 대상의 세부적인 부분에 대해
서만 집착하게 되면, 좀 더 중요하고 위협적인 측면들을 간과
하게 된다. 세부적인 부분에 집착하는 것은 정교하고 미세한
부분들을 만들어낼지 모르지만, 전체적인 통합 구조로서 일

관성은 잃어버리게 된다. 결과적으로 강박적으로 과제를 처리하는 데 집착함으로써 오히려 저조한 평가를 받을 수 있고, 완벽한 수행을 하려다 오히려 너무 완벽하지 않은 수행을 하게 되는 경우가 생긴다.

강박적으로 과제를 수행하는 경우를 보면, 세세한 부분은 어느 정도 정리가 되어 있을지라도 전체적인 통합과 조직적인 완성을 하지 못하거나, 심지어는 과제를 제대로 시작도 하지 못하는 경우 역시 종종 볼 수 있다. 이들은 각 부분에 대한 반복적인 수정 작업에만 집착하고, 전체적으로 내용을 통합하고 조직화하는 데는 어려움을 보인다. 이는 '평가에 대한 불안'을 '세부에 대한 작업'으로 대치시킨 결과라고 볼 수 있다.

### (3) 반동형성

반동형성reaction formation은 자아가 수용하기 어려운 내면의 충동이나 욕구와는 반대되는 방식으로 생각하고 행동하는 경우다. 반동형성이 사용되면 생각과 느낌이 단절되고, 정반대의 내용으로 곡해되어 나타나게 된다.

예를 들어, 한 어머니가 자신의 아이들을 해칠 것 같은 강박사고를 경험하게 되면 반동형성 기제를 사용함으로써 아이들에게 '최고의 엄마'가 되는 상반된 모습을 보이려고 할 수 있다. 아이들과 함께 있을 때 또는 아이들에 대해 이야기할 때

마다 항상 생글생글 웃는 모습을 보이려고 하지만, 그녀는 대
단히 긴장된 모습을 보이고, 아이들에 대한 분노 감정이 여전
히 의식을 위협할 수 있다.

### (4) 취소하기

취소하기undoing는 마술적인 사고나 상징적인 행위를 통해
이미 의식에 떠오르거나 수행되었지만 도저히 받아들이기 어
려운 생각이나 행위를 되돌리고 무효화하는 것이다. 예를 들
어, 계단을 오르내릴 때 누군가를 떠밀어 해치는 생각이 떠오
를 때마다, 다시 계단을 오르내리는 행위를 반복하며 선한 생
각을 떠올림으로써 용납하기 어려운 생각을 되돌리고 취소하
는 것이다. 이들은 취소하기를 통해 숨겨진 생각에 대한 참회
를 시도하고, 종종 마술적이고 강박적인 방식으로 자신의 순
수한 상태로의 회복을 추구한다. 예수님과 성교하는 신성모
독적인 생각으로 괴로워하는 내담자는 반복적으로 목욕하고,
몇 시간씩 기도하며, 계속 옷을 빨기도 한다.

이전에는 '강박신경증'이라는 명칭으로 불리었던 강박장애
는 주로 불안의 통제 및 조절과 관련된다. 정신분석 내에서도
다양한 이론적 입장에 따라 강조하는 바에 차이가 있기는 하
지만, 대체로 강박사고와 강박행동은 고통스러운 경험과 관

련된 갈등이나 불안을 격리하고 통제하는 수단으로 이해되었다. 사람들은 심한 스트레스를 받으면 퇴행한 모습을 보이고 불안을 다루는 덜 효과적인 방법들을 사용하면서 갈등을 통제하거나 회피하려는 시도를 할 수 있다.

구강기, 항문기, 성기기로 기술된 심리성적 발달단계와 심리장애의 관련성은 현대의 정신분석에서는 점차로 포기되었다. 실제로 심각한 심리장애 내담자를 보면, 이러한 단계 모두로부터 갈등의 병리적인 응축을 보이기 때문이다.

항문기적 갈등은 복종 대 반항이라는 개념화로 수정되기도 하였는데, 이것은 의존성 대 자율성 갈등의 유형과도 관련된다. 아이는 부모의 간섭과 지배적인 성향 때문에 자율성을 추구하고 획득하는 과정에 많은 방해를 받고 어머니의 명령, 금지, 처벌에 대해 분노감을 느끼지만 이를 억압하고 복종으로 반응한다. 부모는 아동의 독립성 추구에 대해 애정박탈 또는 엄격한 통제와 훈육으로 반응한다.

이와 같은 부모와의 갈등은 발달 과정에서 내재화되어 초자아와 자아 간의 내적 갈등이 되고, 처벌에 대한 원초적 불안은 이제 죄책감으로 바뀐다. 자아는 계속 자신의 죄책감을 줄이려고 종종 가망 없는 노력을 하며, 초자아의 처벌 행동을 피하기 위해 원초아적 욕구를 다시 억압하려고 한다. 이처럼 원초아로부터 비롯되는 위협적인 추동 욕구와 더불어 초자아와 자아의 갈등 사이에서 일어나는 죄책감도 타협형성을 통해 발현되는 강박 증상의 중요한 근원이 되는 것으로 보인다.

요컨대, 정신분석적 관점에서 볼 때 강박 증상은 성적·공격적 추동과 같이 자아에게 위협적이고 불안감을 유발하는 내적 갈등에 대한 방어와 통제의 시도이며, 타협형성의 산물이라고 볼 수 있을 것이다.

## 2) 강박신경증의 특징과 적응적인 의미

신경증적 갈등을 해소하는 방법에서 보이는 이러한 강박신경증적 양상은 히스테리적 양상과는 사뭇 대조된다. 히스테리 내담자가 나타내는 극화와 상연은 자기 자신을 자기나 남 앞에서 다른 것처럼 보이게 하려는 목적을 가지고 있다. 그에 비해 강박신경증 내담자는 자신이 어떻게 보이는가보다는 자신의 행동이나 사고에서 비롯될 수 있는 결과에 관심이 있다. 또한 주술적인 행동의 도움으로 자신을 통제하려고 하는데, 이러한 점은 원시인이나 항문기 유아들의 세계를 상기시킨다.

히스테리 내담자는 정서화하고 극화하는 경향이 있는 데 비해, 강박신경증 내담자는 주지화나 합리화하는 경향이 있으며, 모든 것을 예리하게 구분되고 잘 정돈된 범주나 개념들로 파악하려는 경향이 있다. 또한 미래를 지나치게 확실한 방법으로 계산하고 통제하려고 하며, 사고방식 역시 과도하게 정밀하고 매우 잘 정돈되어 있으며, 감정과는 분리되어 있다. 강박신경증 내담자의 꼼꼼함과 완고한 경직성은 히스테리 내담자의 변화무쌍함이나 변덕과는 매우 대조되는 부분이다.

강박 증상은 성숙한 심리신경증뿐만 아니라 초기 정신분열증이나 정신증적 우울, 그 밖에 기질적인 장애 등에서도 나타난다. 강박 증상은 어느 정도까지는 퇴행적으로 활성화된, 어린 시절에 보편적으로 나타나는 갈등 해소 양상들일 것이다. 아이들의 놀이와 생활 전반에서의 반복은 매우 큰 의미를 지닌다. 아이들은 반복을 통해 구조를 형성하고 한정하는 기능을 수행한다. 그러므로 다른 모든 증상 및 성격 형성과 마찬가지로 강박 증상은 우선 적응적인 시도로 이해되어야 할 것이다.

내담자들은 강박 증상에 집착하고 매달리며, 증상의 제거라는 치료 목표의 달성에 암묵적인 저항을 보인다. 특히 강박 증상이 자아의 붕괴와 와해라는 정신증적 상태로 진행되는 것을 저지하고, 현실과의 접촉을 필사적으로 유지하며, 심리적 평형 상태를 유지시키기 위한 보상적인 수단과 기능이 될 때가 있다. 정신분열증 초기 단계에 있는 내담자들이 종종 강박 증상을 나타내곤 하는 것은 이런 이유에서일 것이다. 이들에게서 강박 증상을 강제로 차단할 경우 정신증적 상태가 악화될 가능성이 높다.

강박 증상은 기저의 심리구조 수준이나 심리성적 발달단계의 성숙과는 무관하게 다양한 수준에서 나타날 수 있다. 그러므로 이와 같은 강박 증상의 다양한 적응적인 의미를 탐색하기 위해서는 증상의 역동적인 의미와 내담자의 심리내적 구조에 대한 전반적인 평가 및 분석이 필요할 것이다. 강박 증상은 개인의 심리내적 갈등과 불안감을 다루기 위한 타협형성이며 나름대로의 적응적인 의미를 지니고 있다는 점에서, 쉽사리 포기하거나 해결되기는 어려운 치료적 과제라고 할 수 있을 것이다. ◆

# 7. 뇌와 신경계의 이상

신경정신과학 분야는 강박장애의 생물학적인 원인, 특히 뇌신경계의 이상을 규명하기 위해 많은 연구를 수행해왔다. 우선, 생물학적인 연구는 강박장애 환자가 몇 가지 중요한 신경전달물질neurotransmitters의 이상을 보인다는 점에 주목해왔다. 신경전달물질은 일종의 화학물질로 우리의 두뇌에서 신경세포 간의 의사소통을 가능케 하는 교신자의 역할을 한다. 우리가 책을 읽고, 소리를 들으며, 손가락을 움직이는 등의 감각과 행동이 가능한 이유는, 그 배후의 신경계에서 수많은 신경세포들 사이에 쉼 없는 화학적 신호 전달이 이루어지고 있기 때문이다. 그와 같은 화학적 신호 전달이 바로 신경전달물질에 의해서 이루어진다. 따라서 우리 두뇌에서 특정한 신경전달물질이 결핍되거나 과다할 경우 여러 가지 심리적 혹은 신체감각적 이상이 발생할 수 있다. 특별히 강박장애와 관련해서는 두뇌의 여러 부분에서 세로토닌과 도파민이라는 두 가지 신경전달물질이 비정상적인 수준을 유지하고 있음이 여러 연구를 통해 비교적 일관적으로 밝혀졌다. 특별히 전두엽의 도파민 과다활성과 기저핵basal ganglia 부위의 세로토닌 결핍 작용에 대한 연구결과들이 있다.

강박장애를 치료하기 위해 정신과에서는 클로미프라민이나 프로작과 같은 항우울제를 사용해왔다. 항우울제는 근본적으로 신경세포들 사이에 분비되는 세로토닌의 수준을 인위적으로 증가시키는 약물이다. 우울증뿐 아니라 여러 불안장애가 세로토닌의 저하와 관련된 것으로 알려져 있다. 마찬가지로 강박장애도 항우울제를 통해 증상을 완화시킬 수 있다. 항우울제가 강박장애에 효과가 있다는 것은 세로토닌 저하가 강박장애의 생물학적인 원인의 하나라는 근거를 지지한다(Stein, Spadaccini, & Hollander, 1995; Soomro, Altman, Rajagopal, & Oakley-Browne, 2008).

도파민 역시 여러 심리적 장애와 관련되어 있다. 예를 들어, 도파민 신경계의 과다활동은 환청과 같은 정신증적 증상과 관련이 된 것으로 여겨지고 있다. 정신분열증Schizophrenia의 정신증적 증상들을 완화시키는 데 유용한 여러 약물은 대개의 경우 두뇌의 도파민 활동을 감소시키는 기능을 한다. 강박장애도 도파민과 밀접한 관련이 있어 보인다. 도파민의 일종인 암

페타민을 투여한 고양이에게서 강박적으로 냄새를 맡는 행동
이 관찰된다거나, 도파민 촉진제를 투여한 쥐에게서 반복적인
행동이 나타난 연구결과들이 도파민의 과다활성화와 강박장
애 증상과의 관련성을 시사하고 있다. 또한 많은 약물치료 연
구를 통해, 세로토닌 수준을 증가시키는 항우울제가 잘 듣지
않는 많은 강박장애 환자에게 항정신병 약물을 투여할 경우 증
상의 호전이 있음이 보고되었다. 이와 같은 약물치료의 반응
양상은 강박장애에 세로토닌뿐 아니라 도파민도 중요한 생물
학적 원인일 가능성을 제시한다(Denys, Zohar, & Westenberg,
2004; Koo, Kim, Roh, & Kim, 2010).

한편으로는 수많은 신경과학자가 양전자방출 단층촬영PET
이나 자기공명영상MRI을 통해 직접 강박장애와 연관된 두뇌
구조와 활동 양상의 이상을 규명하려 노력해왔다. 양전자방출
단층촬영PET 연구에 따르면 강박장애 환자에게서 뇌의 전두
엽, 기저신경절특히 미상핵 부분의 대사 기능이 비정상적으로 증
가되어 있는 소견이 보고되고 있어 강박장애의 기저에 신경학
적인 이상이 있음이 시사된다. 뇌의 전두엽은 기억, 주의, 사
고 과정 등 고등인지 과정에 관여하는 부분으로 이 부분이 손
상되면 반응억제력을 상실하고 충동적인 행동을 나타내거나
융통성이 결여된 경직된 모습을 나타내곤 한다. 이와 더불어
두뇌 구조와 기능의 다양한 이상 소견이 강박장애 환자에게

발견되었다. 특별히 선조체striatum, 안와 전두피질orbitofrontal cortex 및 대상피질cingulate cortex에 관련된 여러 가지 이상 소견이 관찰되었다. 대뇌반구의 특정 부분의 회백질이 비정상적으로 증가되거나 감소되어 있다는 것도 보고되었다. 전반적으로 강박장애는 피질-선조체-시상-피질 회로cortico-striatal-thalamic-cortico circuit에 걸쳐 있는 다양한 두뇌 부위의 이상과 관련이 있는 것으로 보인다(Graybiel & Rauch, 2000; Pauls, Abramovitch, Rauch, & Geller, 2014).

강박장애는 또한 가계에 유전되는 경향이 있다. 강박장애 환자의 직계 가족과 정상인 집단을 비교하는 연구들은 강박장애 환자의 가정 내에서 강박장애가 발생할 가능성이 정상인 집단에 비해 훨씬 높다는 것을 일관적으로 보고한다. 이는 강박장애의 발생이 유전적인 영향을 많이 받는다는 것을 의미한다. 강박장애의 발생과 유지에 관여하는 유전자를 규명하기 위한 대규모의 공동연구가 진행되어 왔는데, 이를 통해 강박장애와 관련된 다수의 유전자를 발견하였다. 그러나 강박장애의 발생을 결정적으로 설명하는 단일 유전자는 발견되지 않았다. 대부분의 유전 연구는 강박장애의 발생이 유전적·생물학적·환경적 요인들의 복잡한 상호작용의 결과임을 제안한다(Block & Pittenger, 2010; Pauls, 2010).

강박장애의 원인에 대한 신경학적·생물학적인 연구결과

들은 그 기저의 원인을 규명하는 데 많은 유용한 정보를 제공
하였지만, 여전히 장애의 원인과 현상을 완벽하게 설명해내지
는 못한다. 그러나 궁극적으로 이와 같은 연구의 노력과 그에
따른 결과들은 효과적인 치료 방법을 개발하는 데 중요한 기
여를 할 수 있을 것으로 기대된다. ◆

# 강박장애를 어떻게
# 치료할 것인가

**3**

**지**금까지 우리는 강박장애가 어떠한 증상을 보이며 또 그 기저의 원인이 무엇인가에 대해 생각해보았다. 이제는 보다 실제적이고 적용적인 측면으로 우리의 시선을 옮겨보자. 이를 위해서 가장 먼저 던져봐야 할 질문이 있다. 강박장애 증상을 완화하기 위해 가장 효과적인 치료방법은 무엇일까? 경험적인 치료 연구를 통해 효과를 검증받고 임상과 치료장면에서 보편적으로 사용되고 있는 치료법에는 크게 두 가지 상이한 접근이 있다. 하나는 항우울제에 기반을 둔 약물치료다. 클로미프라민과 같은 항우울제는 강박장애에 대해 효과적인 치료방법으로 널리 처방되고 있다. 또 다른 방법은 강박장애에 기여하고 있는 생각과 행동을 수정하는 데 초점을 맞춘 심리적인 치료 접근이다. 심리치료에는 노출치료를 기반으로 한 행동치료와, 오류적인 신념과 역기능적인 행동 수정을 목적으로 하는 인지행동치료가 가장 효과적인 심리치료 방법으로 지지를 받고 있다. 포니아 등(Ponniah, Magiati, & Hollon, 2013)이 실시한 근래의 연구는 45개의 강박장애 심리치료 연구를 종합 분석하였다. 인지적·행동적·정신분석적 치료를 포함하여 다양한 심리치료적 접근을 비교 분석함으로써 ① 노출치료를 기반으로 한 행동치료와 ② 인지행동치료 두 가지가 강박장애에 가장 효과적인 치료방법임을 보고하였다.

강박장애는 약물치료든 심리적 치료든 전문가의 도움을 받지 않고 저절로 나아지는 마음의 병이 아니다. 강박장애가 의심될 경우 가장 먼저 해야 할 일은 전문가를 찾아 정확하게 평가와 진단을 받고, 이에 따라 필요한 치료방법을 모색하는 것이다. 그러나 어떠한 치료방법도, 각자 개인이 치료에 대한 강한 동기를 가지고 일상생활 속에서 치료에 부합하는 구체적인 노력을 기울이지 않으면 효과가 제한적일 수 있다. 제3장은 이러한 측면에서 구체적이고 실질적인 조언을 하고자 함에 그 목적이 있다.

# 1. 행동치료

행동치료는 강박장애의 증상을 감소시키기 위해서 여러 가지 구체적인 기법을 사용한다. 행동주의적인 접근방식은 현상의 '지금-여기'에서 벌어지는 일들에 초점을 맞춘다. 앞서 강박장애의 증상 악화에 기여하는 요인 가운데 하나로 중화행위의 역기능적인 측면을 살펴보았다.

행동주의 접근에서는 이러한 강박적인 의례행위를 중단시키기 위하여 여러 가지 기법을 사용한다. 여기서 소개하고자 하는 것은 강박장애의 획기적인 치료방법으로 등장하여 현재까지도 여전히 가장 효과적인 치료방법 중의 하나로 간주되는 노출과 반응방지 기법이다.

노출과 반응방지ERP 기법은 체계적인 계획하에 의도적으로 불안자극에 노출시키고, 불안감을 감소시키기 위해 수행되는 강박행동을 차단하는 치료방법이다. 이 과정을 반복함으로써 중화행동을 더 이상 하지 않아도 불안감이 자동적으로 감소하고 강박사고의 내용처럼 큰일이 일어나지 않는다는 것을 배우게 된다.

1966년에 메이어Meyer는 강박장애의 치료를 위해 강박사고에 대한 노출과 강박행동에 대한 차단 방법을 처음으로 사용하였다. 마이어는 오염에 대한 강박사고와 씻기 강박행동을 보이는 환자를 대상으로 이 치료 프로그램을 적용하였다. 이 프로그램에서 환자들은 반복적으로 오염에 대한 불안을 야기하는 물건을 만지면서 강박적인 씻기행동을 하지 못하도록 차단당했다. 환자들이 해야 할 일은 불안을 인내하면서 세척에 대한 충동을 억제하는 것이었다. 15명의 환자가 이 방법으로 치료를 받았는데, 이 중 10명은 증상이 완전히 없어지거나 상당한 호전을 보였고, 5명은 어느 정도 증상이 완화되었다. 15명의 환자 중 5~6년 후에 증상이 재발한 환자는 겨우 2명이었다. 이는 치료가 매우 어려운 고질적인 장애로 간주되었던 강박장애의 치료에 매우 획기적인 사실로 기록될 만한 것이었다.

이 연구결과로 인해 노출과 차단을 종합하여 사용하는 치료방법에 대해 많은 관심이 일기 시작하였고, 많은 연구자가 노출과 반응방지를 사용하여 강박장애 환자를 성공적으로 치료한 사례를 보고하였다. 또한 엄정한 과학적 연구를 통해 노

출과 반응방지 치료의 효과가 반복적으로 검증되었고, 현재
이는 강박장애를 위해 가장 효과적인 치료방법으로 여겨진
다. 노출과 반응방지를 통해 강박사고를 포함한 불안 유발자
극이 더 이상 불안을 유발하지 않게 되고 또 반드시 강박행동
만이 유일한 대처방법이 아니라는 것을 분명하게 체득하고
학습하게 된다면, 스스로에게 고통과 부적응을 일으키는 강
박행동 역시 자동적으로 사라질 것이다. 강박행동이 유지되
는 가장 큰 이유는 불안감소라는 강화적 속성으로 인한 것인
데, 노출과 반응방지는 이러한 역기능적인 연결고리를 차단
하는 것이다.

때로 사람들은 '노출치료'라는 말에 겁을 먹고, 치료를 거
부하기도 한다. 하지만 이 치료는 대개의 경우 공포 자극에 대
한 노출을 매우 점진적이고 체계적인 방식으로 이행한다. 예
를 들어, 공공장소에서 병균에 감염되는 것에 대한 강박사고
와 반복적으로 씻는 강박행동에 몰두하고 있는 환자가 있다고
생각해보자.

(1) 정확한 평가와 진단을 통해 각 개인이 겪고 있는 독특한
강박사고와 강박행동을 이해한다. 이러한 강박사고와
강박행동이 어떻게 유지되고 있는지에 대한 종합적인
모형을 제시하여, 환자가 자신의 강박장애를 더욱 깊이

이해할 수 있도록 심리적인 교육을 실시한다. 더불어, 노출과 반응방지 치료를 어떠한 방식으로 진행하며, 그동안 검증되어온 효과는 어떠한지, 어떻게 이 치료방법이 강박장애 증상을 완화하는 데 유용한지에 대해 설명한다. 이를 통해 환자가 노출과 반응방지 치료에 대해 이해하고, 치료에 대한 동기와 필요성 및 그 절차의 유용성을 느끼도록 돕는다.

(2) 환자와 상의하며 노출 절차를 위한 위계목록을 작성한다. 이 목록에는 강박사고의 핵심이 되는 불안자극들이 가장 경미한 수준의 것에서부터 가장 견디기 어려운 것까지 나열된다. 예를 들어, 오염에 대한 두려움과 강박사고를 겪는 환자에게는 다음과 같은 목록이 작성될 수 있다.

① 사람들이 많이 드나드는 공공건물 안에 서 있기

② 그 건물 현관문의 손잡이를 만지기

③ 그 건물 안의 화장실 앞에 서 있기

④ 사람들이 많이 드나드는 화장실 안에 서 있기

⑤ 화장실의 수도꼭지나 문고리 만지기

⑥ 화장실의 변기를 만지고 사용하기

각 개인의 증상에 따라 보다 더 세분화되고 복잡한 노출 위계목록이 작성될 수 있다. 이와 더불어 노출 과정이 진행될 때, 반드시 억제해야 할 강박행동이 무엇인지 명시한다예: 회피하기, 손 씻기.

(3) 실제 노출과 반응방지 치료가 시작되면, 대개 가장 경미한 자극에서부터 치료 작업이 시작된다. 치료자의 도움으로 노출을 시행한 후에예: 공공장소의 출입문을 맨손으로 만지기, 환자는 불안감을 느끼고 강박행동으로 이를 중화하고 싶은 강한 충동이 든다. 하지만 치료자와 함께 환자는 이와 같은 강박행동을 억제하고, 불안이 저절로 감소되기를 기다린다. 이와 같은 과정을 반복할 때, 그 특정 불안자극에 대한 불안이 현저하게 감소된다. 환자는 또한, 예를 들어 출입문의 손잡이를 여러 번 만지더라도 염려하던 재난적 결과가 발생하지 않는다는 것을 배우게 되고, 자신도 이를 다룰 수 있다는 자신감과 용기를 획득하게 된다.

(4) 하나의 불안자극에 대한 불안감이 현저하게 감소됐을 때, 예를 들어 주관적인 불안감0: 전혀 불안하지 않음~100: 극도로 불안함이 30 이하의 경미한 수준으로 떨어지면 치료자는 환자와 함께 조금 더 어려운 다음 단계의 노출과 반응방지를 진행한다. 예를 들어, 강박적인 세척행동 없이 화장실의 문고리를 만질 수 있게 되었을 때, 다음 단계로 변기를 만지고 사용하는 과제로 넘어간다. 물론,

위계목록의 상위 항목으로 진행할 때 다시 높은 불안감과 강박행동에 대한 충동이 되살아난다. 그러나 마찬가지 방법으로 치료자와 환자가 협력하여 노출과 반응방지의 원칙을 적용하면서 하나하나의 불안자극을 극복해나간다.

(5) 결과적으로 환자는 위계목록의 가장 높은 단계의 불안자극도 큰 어려움 없이 다룰 수 있게 된다. 때로 치료자는 과잉교정overcorrection의 방법을 사용한다. 오염에 대한 강박적인 두려움이 없는 사람도 화장실 변기 앞의 바닥을 맨손으로 만지는 일은 하지 않는다. 그러나 불안극복을 위한 치료적 과정의 일환으로 노출의 위계목록은 때로 과잉교정적인 불안자극을 추가하기도 한다.

이 과정에서 보듯이 노출과 반응방지는 비인간적이고 공포스럽고 기계적인 치료방법이 아니다. 공감적이고 협조적인 치료 관계에 기반을 둔 치료자와 환자의 협력을 통해 공동으로 문제를 해결해나가는 과정이다. 이를 통해 환자는 불안과 강박행동이 상호작용하는 원리를 이해하게 되고, 강박사고와 연관된 불안자극을 어떻게 스스로 다룰 수 있는지에 대한 행동대처 기법을 배우게 된다. 결과적으로 치료자와의 행동치료가 종결되어도, 환자는 치료적인 지식과 행동 기법을 하나의 대처 기법으로 획득하고, 강박장애에 관련된 또 다른 일상의 도전을 직면하고 이겨낼 수 있게 된다. 이것이 노출과 반응방지 기법이 약물치료 등에 비하여 재발방지의 측면에서 매우 월등한 효과를 가지고 있는 근본적인 이유로 보인다(Foa et al., 2005). ❖

# 2. 인지행동치료

　1980년대에 강박장애에 대한 인지행동 모델이 등장한 이후로 노출 및 반응방지 기법과 함께 인지적 치료 개입을 위한 노력이 다각적으로 시도되었다. 살코프스키스와 라크만을 비롯한 외국의 심리학자들이 강박장애에 대한 인지행동치료 모델을 제안하였다.

　인지행동치료 모델의 치료 목적은 강박사고에 대한 재난적인 해석을 극복하고 보다 합리적이고 융통성 있는 생각으로 대체하도록 하는 것이다. 또한 강박사고와 관련된 회피행위나 중화행위, 은폐행위 등을 감소시키는 것도 치료의 중요한 목적이다. 강박사고에 대한 재난적인 해석의 내용을 보다 합리적이고 유연한 사고 내용으로 대체함에 따라서 강박사고의 빈도 및 강도가 감소될 것이다.

　인지행동치료적 접근의 주요한 구성요소는 강박사고에 대

한 정확한 평가, 강박사고 및 의례행위의 기록, 재난적 해석의 제거와 합리적인 해석의 획득, 관련된 비정상적인 행동의 수정 등이다(Rachman, 1997, 1998; Salkovskis, 1985). 이 장에서는 라크만(1997, 1998)과 살코프스키스(1985)의 인지행동적인 치료적 접근을 요약하고 설명하겠다.

## 1) 강박사고 평가하기

우선 강박사고의 빈도와 배후의 유발자극, 구체적인 내용에 대한 상세한 탐색 등 강박사고에 대한 정확한 평가가 필요하다. 특히 개인이 강박사고의 의미와 중요성, 또는 그러한 생각의 발생과 존재에 대해 어떠한 해석을 하고 있는가를 주의 깊게 다루어야 한다. 또한 강박사고와 함께 어떠한 회피행위와 중화행위를 보이고 있는지에 대해서도 상세한 정보를 수집해야 한다.

인지행동적 치료 모델에서는 침투적인 사고에 대한 왜곡된 해석이 강박장애를 유발하고 지속시킨다고 제안한다. 따라서 왜곡된 인지를 수정하기 위해서는 그 대상이 되는 강박사고가 어떠한 내용의 것이고 어떠한 양상으로 발생하는지 우선 정확하게 평가할 필요가 있다.

## 2) 강박장애에 대한 교육

강박장애에 대한 인지행동적 치료 접근에서 교육은 필수적인 요소다. 살코프스키스나 라크만의 모델에서는 다음과 같은 내용이 치료 과정 중에 중요한 교육적 요소로 제시된다(Rachman, 1997, 1998; Salkovskis, 1985). 우선적으로 강박사고란 어떤 것인지, 정상적인 침투적 사고와 비정상적인 침투적 사고 간에는 어떠한 차이가 있는지, 특히 강박사고는 '모든 사람이 경험하는' 원치 않는 침투적 사고에서 기인한 것임을 설명한다. 정상인이 경험하는 침투적 사고와 강박장애 환자가 경험하는 임상적인 강박사고가 내용상 별 차이가 없으며, 다만 발생 빈도나 불편감의 정도에서만 차이가 있음을 강조하는 것은 이들에게 많은 안도감과 위안을 준다. 가능하다면 환자들에게 일반적으로 강박장애 환자가 많이 경험하는 강박사고의 내용 목록을 보여주고 정상인들이 보고한 침투적 사고의 내용도 제시하여 직접 이를 비교하고 확인할 수 있게 해주는 것이 좋다.

교육의 두 번째 중요한 요소는 치료 모델을 환자에게 일목요연하게 제시해주는 것이다. 여기서 무엇보다도 중요하게 다루어주어야 하는 내용은 침투적인 사고를 재난적으로 오해석하고예: "이러한 생각을 하고 있다는 것은 내가 아주 부도덕한 인간이라는 것을 증명한다." 과도한 의미를 부여함으로써예: "이 생각 때문에 그와 같은 결과가 실제로 일어난다면, 완전히 내 책임이다." 강박사고가 지속된다는 것이다. 자신이 경험하고 있는 원치 않는 침투적 사고의 내용이 다른 사람들에게 매우 하찮은 것처럼 보일 수 있으며, 반대로 다른 강박장애 환자들이 경험하는 강박사고의 내용이 자신에게 별 의의가 없는 것임을 알려주어야 한다. 이러한 지적은 환자들에게 치료에 대한 동기와 긍정적인 태도를 갖도록 도움을 줄 수 있다.

더불어, 환자의 주요한 강박사고의 내용이 무엇인지 구체적으로 살펴보아야 한다. 환자가 경험하는 강박사고 중에서 특별히 어떠한 생각이 극심한 불편감을 일으키고 있는지 잘 탐색해보아야 한다. 그와 같은 불편감의 존재는 대개의 경우, 강박사고에 대해 왜곡되고 재난적인 해석이 기저에 일어나고 있기 때문일 가능성이 많다. 여기에는 많은 개인차가 존재하기 때문에, 각각의 개인이 경험하는 독특한 강박사고와 그로 인한 불편감에 대해 세밀한 주의를 기울여 관찰하고, 평가하고, 이해해야 한다. 강박장애 환자는 보통 자신의 가치체계와 밀접하게 관련되어 있는 생각이나 이미지에 대해서 재난적인 해석을 하기 때문이다.

여기까지 오며 원치 않는 생각에 자신만의 왜곡된 의미를 부여할수록 그 생각의 경험이 점점 괴로워진다는 것을 알게 되었을 것이다. 마찬가지로, 침투적 사고에 부과한 왜곡된 의미를 수정하게 될 경우에 강박사고로 인한 불편감이나 그 경험 빈도도 감소할 것이란 점을 적어도 이론적으로는 이해하게 될 것이다. 이때에는 의도적으로 생각을 억제하려는 노력이 얼마나 비효과적인 시도인가를 잘 설명해주어야 한다. 그 자리에서 생각의 억제가 지니는 비효율성을 직접 간단한 실험으로 보여주는 것도 효과적이다. 단 한 가지 생각만 제외하고 다른 어떤 생각을 해도 좋다고 했을 때, 당장에 그 한 가지 생각을 마음속에서 떨쳐버리는 것이 매우 어렵다는 것을 알게 될 것이다.

세 번째 교육요소는 중화행동의 특성에 대해서 설명하고 이해시키는 것이다. 그것이 외현적으로 이루어지든 내면에서 이루어지는 심리적 행위이든 관계없이 이것들이 강박사고를 악화시키는 주범임을 주지시켜야 한다. 치료자는 환자에게 의도적으로 자신을 괴롭히고 있는 강박사고를 떠올려보라고 요청한다. 이때 한 번은 중화행위를 하도록 허용하지만, 또 한 번은 중화행위를 하지 못하도록 억제하는 과정을 반복한다. 시간이 지난 후에 두 유형의 행위 결과를 비교해보면 어렴풋이나마 중화행위를 반드시 하지 않아도 강박사고로 인한 불안이 시간의 흐름과 함께 자동적으로 감소한다는 것을 느끼게 될 것이다. 이러한 식으로 환자는 강박사고와 관련된 불안은 자발적으로 감소하며 따라서 중화행위를 하지 않아도 된다는 것을 배우게 될 것이다. 치료자는 이 점을 명확하게 하기 위해서 이러한 시범 절차를 여러 차례 반복하는 것이 필요하다.

그다음으로는 지속적인 회피행동의 효과를 생각해보도록 유도한다. 예를 들어, 강박장애 환자는 날카로운 물체를 피하거나 공공장소를 회피하는 등 강박사고로 인한 불편감을 해소하거나 부정적인 일을 예방하기 위해 다양한 회피행동을 나타낸다. 마찬가지로 회피행동은 일시적으로 불안을 즉시 감소시켜주는 효과를 지녔다는 점에서 유인가가 있지만, 좀 더 장기적으로 볼 때는 매우 역기능적이다. 오류적 신념이 반증될 수 있는 기회를 회피행동이 차단하고 있다는 점을 인식시키는 것은 매우 중요한 과제다. 예를 들어, 사람들과 몸이 닿으면 전염병에 감염될 것 같다는 두려움으로 인해 대중교통을 회피하고 장거리를 걸어서 등교하는 고등학생이 있다고 해보자. 이러한 회피는 일시적으로는 불안감에서 환자를 해방시키지만, 장기적으로 볼 때는 강박사고에 부여된 과도한 의미를 지속시키는 역할을 하게 된다. 이 역시 중화행위의 일종인 것이다.

이와 더불어 이들에게 인지적인 오류가 있음을 지적해주어야 하며, 특히 사고행위의 융합과 같은 오류적인 판단 과정을 잘 설명해주어야 한다. 자신의 원치 않는 생각이 그러한 부정적인 사건의 발생 확률을 증가시킬 것이라는 생각, 또 이러한 비도덕적인 생각을 하는 것은 그러한 행동을 실제로 저지르는 것과 다를 바 없다는 생각 등이 얼마나 잘못된 추론인가를 잘 설명해야 한다. 또한 자신의 생각을 은폐하고 속으로 혼자 고민하는 것이 이러한 오류적인 추론과 강박사고의 지속에 기여하고 있음을 잘 이해시켜야 한다. 결국 인지행동치료 모델의 첫 번째 단계는 환자에 대한 정보수집과 치료 모델의 교육을 중심으로 이루어진다. 두 번째 단계에서 실제적인 치료가 효과적으로 이루어지기 위해서는 이 단계에서 치료 모델에 대한 환자의 신뢰와 올바른 이해가 선행되어야만 한다.

### 3) 행동실험

치료 모델의 교육 다음 단계로 치료의 성공을 위해서 어떠한 일을 해야 되는지 상세하게 설명하고 구체적인 목표를 제시한다. 간단히 요약하면 인지행동치료 모델의 목표는 재난적인 해석의 수정과 그러한 해석에서 비롯된 중화행동을 차단하는 것이다. 이제 환자는 치료에 관련되는 자료를 수집하고, 강박사고의 해석에 대해서 치밀하게 검토하며, 중화행동의 수행을 억제하기 위해 노력하는 등 보다 적극적인 역할을 수행해야 한다. 시범적으로 다음과 같은 절차를 같이 수행해볼 수 있다(Salkovskis, 1985; Rachman, 1997, 1998).

의도적으로 내용상 중성적인 생각을 반복적으로 떠올리고 이 생각에 대한 개인적인 의미, 정서적인 결과, 통제의 용이성 등을 보고하게 한다. 한편으로는 환자가 괴롭게 경험하고 있는 강박사고를 의도적으로 떠올려 그 의미와 불편감 및 통제의 용이성 등을 보고하게 하여 전자와 비교해본다. 더 나아가 중성적인 생각을 의도적으로 억제하도록 지시하고 그 결과가 어떠한지 보고하도록 한다. 또 한편으로는 자신을 괴롭히는 강박사고의 의미를 의도적으로 축소시키도록 하여 그 의미를 축소시켰을 때의 효과가 어떠한지를 비교하게 한다.

1단계 교육 시범에서는 중성적인 생각을 통해 의도적인 사고억제가 비효율적임을 설명하였다. 2단계 본 치료 시행에서는 실제로 경험하고 있는 강박사고를 실험적으로 억제하도록 시켜보고, 이러한 의도적인 사고억제가 지니는 역설적인 효과와 그 비효율성을 인식하도록 돕는다. 이를 통해 이러한 시도가 좀처럼 성공하기 어렵고 역효과를 내므로 생각을 억제하려는 충동에 저항해야 한다는 사실을 분명히 깨닫게 한다. 많은 강박장애 환자, 특히 부정적인 일의 발생에 대한 강박사고를 지닌 환자는 과장된 책임감을 경험하고 있으며, 이는 강박사고의 해석에 영향을 미친다. 이 경우에 책임감을 보다 현실적인 수준으로 끌어내릴 수 있도록 도와야 한다. 이를 위해서 환자에게 특정한 강박사고를 의도적으로 떠올리도록 시키고 적절한 시간 간격을 둔 후에 다시 이 생각을 떠올리되, 반드시 그러한 생각을 하게 하는 것과 그로 인해 발생할 수 있는 모든 부정적인 결과에 대하여 치료자가 전적인 책임을 지고 있다고 생각하도록 한다(Salkovskis, 1985). 살코프스키스가 제시한 이와 같은 모의실험은 과도한 책임감을 느끼고 있는 것이 어떻게 강박사고를 보다 불편하고 통제하기 어렵게 만드는지를 보여줄 수 있다.

같은 주제로 과도한 책임감을 경험하는 환자의 경우, 시범에 강박사고와 연관된 행동요소를 포함시킬 수 있다. 처음에는 환자가 자발적으로 그 행동을 수행하지만, 두 번째에는 같은 행동을 하되 그 책임을 치료자에게 전적으로 전가한다. 이러한 시범은 책임감이 있을 경우와 책임감이 없을 경우에 강박행동에 대한 불편감과 통제의 용이성 등이 어떻게 달라지는가를 스스로 경험할 수 있게 한다. 이것은 과도한 책임감을 수정하기 위한 첫걸음으로, 일관적으로 의지적인 노력과 시도를 기울여야만 강박사고 및 관련된 중화행동에 대한 과장된 책임감을 감소시킬 수 있다. 행동실험은 환자가 재난적 사고를 보다 합리적이고 유연한 사고로 대치하는 데 많은 도움을 준다. 치료 전반에 걸쳐 제안한 크고 작은 행동 시범들은 모두 행동실험의 축소판이라고 볼 수 있다. 예를 들어, 의도적인 사고억제의 역설적인 효과는 환자에게 강력한 근거를 제시하는 행동실험의 하나다. 회피행동은 문제의 상황에 직면하지 못하도록 하지만, 행동실험의 논리는 기본적으로 '직면'이다. 상황에 대한 직면을 통해 오류적인 신념의 허위성을 입증하기 위한 절차가 바로 행동실험이다.

인지행동치료의 맥락 안에서 노출과 반응방지 기법 역시 훌륭한 행동실험의 방법을 제공한다. 오염에 대한 공포와 두려움을 극복하기 위해 '실험적으로' 불안자극에 노출한 뒤, 그 결과에 대한 여러 가설을 검증하는 것예: "나는 불안으로 미쳐버리고 말 것이다. 바로 하루 이틀 내에 심한 병에 걸릴 것이다. 다른 사람들이 공공화장실을 사용하고도 멀쩡한 것처럼 별일이 생기지 않을 것이다. 불안이 아마 치료자가 예상하는 대로 저절로 사라질지도 모른다."은 궁극적으로 비합리적인 강박사고에 대한 불안과 두려움을 극복하는 강력한 행동실험이 될 것이다.

이상으로 강박장애의 인지행동치료가 어떻게 진행되는지 그 전체적인 흐름을 개관하였다. 증상의 양상에 따라 다양한 형태의 인지행동치료 절차가 유연하게 적용되겠지만, 기본적으로 치료의 핵심이 되는 요소들은 크게 다르지 않을 것이다. 인지적인 왜곡의 수정과 증상의 악순환에 기여하는 역기능적인 행동 패턴의 수정이라는 치료 목표도 다양한 인지행동치료적 접근의 공통분모일 것이다. 그 과정에 도입되는 구체적인 치료 절차에 대해서는 뒤에 자가치료 부분에서 좀 더 자세히 다루도록 하겠다.

### 4) (인지)행동치료 혹은 약물치료?

다수의 치료 연구를 통해 노출과 반응방지에 기반을 둔 인지행동치료와 약물치료 모두 효과적인 강박장애의 치료방법으로 인정되고 있다. 실제 임상장면에서도 이 둘은 가장 우선적인 치료방법으로 사용되고 있다. 그렇다면 강박장애를 치료하기 위해 행동치료와 약물치료 중 어떤 방법을 선택해야 하나? 행동치료? 약물치료? 아니면 둘 다 받아야 하나? 이것은 강박장애를 앓고 있는 개인과 가족들에게는 매우 중요하지만 결정하기 어려운 문제다. 각 개인이 보이는 강박장애 증상의 양상과 병력 및 그에 동반된 여러 가지 심리적 · 의학적 문제들을 고려하여 결정해야 하므로, 모든 환자에게 보편적으로 적용되는 답을 찾기는 어려울 것이다. 그러나 엄정한 과학적 절차를 거쳐 수행된 치료 연구의 결과들은 이러한 질문에 답하는 데 매우 유용한 정보를 제공한다. 이를 위하여 미국에서 실시된 몇 가지 중요한 치료 연구의 결과를 여기 간략히 소개한다.

강박장애를 비롯한 불안장애 치료 연구의 세계적인 대가인 포아 박사와 그의 연구진(Foa et al., 2005)은 122명의 강박장애 환자를 ① 행동치료노출과 반응방지, ② 클로미프라민, ③ 행동치료＋클로미프라민 혹은 ④ 효과가 없는 위약의 네 가지 치료 조건에 무선적으로 할당하였다. 그리고 환자들이 어떠한 치료를 받았는지 모르는 제3의 전문가에게 치료 결과를 객관적으로 평가하게 하였다. 그 결과, 세 가지 실제적인 치료 조건이 모두 위약에 비하여 양호한 치료 결과를 나타냈다. 그러나 세 가지 치료 조건 중에서는, 행동치료만 받거나 행동치료와 약물치료를 모두 받은 두 환자집단이 약물치료만 받은 집단에 비하여 월등한 치료 결과를 나타냈다. 치료 과정을 모두 완수한 환자들 중에서 성공적인 치료 사례로 분류된 비율은 행동치료86%, 행동치료＋약물치료79%, 약물치료42% 순으로 나타났다. 위약만 받은 집단에서는 약 10%의 환자만이 성공적인 치료 사례로 분류되었다. 이 연구는 행동치료가 매우 효과적인 강박장애의 치료방법이며, 행동치료에 항우울제를 추가해도 치료 효과에 유의미한 개선이 이루어지지 않는다는 점을 시사한다.

스토치 박사와 그의 연구진(Storch et al., 2013)은 강박장애를 지닌 7세에서 17세 사이의 소아환자들을 대상으로 인지행동치료와 항우울제서트랄린 약물치료의 효과를 비교하였다. 모두 47명의 소아가 항우울제와 인지행동치료 모두를 받는 치료 조건 혹은 위약과 더불어 인지행동치료를 받는 조건에 무선적

으로 할당되었다. 결국 이 치료 연구는 항우울제와 인지행동
치료를 같이 받을 때, 그리고 실제적인 약물의 효과 없이 인지
행동치료만 받을 때의 차이를 비교한 것이다. 결과적으로 모
든 환자 집단에서 의미 있는 치료 효과가 관찰되었다. 그러나
결정적으로, 약물의 효과 없이 다시 말해, 위약을 받으며 인지행동치
료를 받은 이 소아환자들은 항우울제를 투여 받으며 인지행동
치료를 받은 집단과 동등한 치료효과를 보였다. 이는 포아의
연구와 유사하게 인지행동치료를 받고 있는 소아들에게 항우
울제를 투여하는 것이 반드시 유의미한 치료효과의 개선을 가
져오지는 않는다는 점을 시사한다.

심슨 박사와 포아 박사를 포함하여 수많은 강박장애 연구
대가가 근래에 또 하나의 대규모 치료 연구 결과를 발표하였
다(2013). 이 연구는 많은 강박장애 환자가 세로토닌 재흡수
억제 기제에 바탕한 항우울제 처방을 받고 증상의 완화를 보
이기는 하지만, 실제로 오직 소수의 환자만이 증상을 경미한
수준 이하로 감소시키는 데 성공할 뿐이라는 현 항우울제 약
물치료의 제한점으로부터 시작되었다. 실제 임상장면에서 많
은 강박장애 환자가 항우울제 처방을 받지만 다수의 환자는
여전히 상당한 수준의 강박장애 증상을 유지하는 것이 일반적
이다. 이로 인해 정신과 장면에서는 항우울제에 잘 반응하지
않는 강박장애 환자들에게 항정신병 약물을 투여하곤 한다.

이것이 과연 강박장애를 보다 효과적으로 치료하기 위한 항우울제 치료 증진 방법인가? 이 연구는 어떻게 하면 강박장애에 대한 항우울제 치료를 증진시킬 수 있을 것인가를 규명하는 데 그 목적을 두었다. 이를 위해 100명의 성인 강박장애 환자가 항우울제 약물치료를 받으면서 추가로 ① 항정신병 약물리스페리돈, ② 노출과 반응방지 치료, 혹은 ③ 위약 치료를 받았다. 다시 말해, 항정신병 약물, 행동치료 혹은 위약 중 어느 것이 항우울제 치료 효과를 증진시키는 데 기여하는지 검증하려한 연구였다. 연구결과, 항우울제와 더불어 행동치료를 받은환자들이 월등히 우수한 치료 결과를 나타냈다. 다소 충격적이지만, 항우울제와 항정신병약물을 투여받은 환자집단과 항우울제와 위약을 투여받은 환자집단 사이에는 치료 효과의 차이가 없었다. 강박장애 증상이 임상적으로 유의미하게 감소된 25% 이상의 증상 감소 환자들의 비율은 ① 항우울제＋행동치료 80%, ② 항우울제＋항정신병약23%, ③ 항우울제＋위약15% 순으로 현저한 집단 간 차이를 보였다. 강박장애 증상이 경미한 수준 이하로 감소된 환자들의 비율 역시 ① 항우울제＋행동치료43%, ② 항우울제+항정신병약13%, ③ 항우울제＋위약 5% 순으로 나타났다. 이 결과는 항우울제 치료를 받고 있는 강박장애 환자의 치료 효과를 극대화하기 위해서는 행동치료가 가장 효과적인 방법임을 강력히 시사한다. 이 연구결과는 가장 권위 있는 미국 의학협회 저널JAMA을 통해 발표되었다.

그동안 이루어진 모든 강박장애 치료 연구의 결과를 이 책에 요약할 수는 없다. 하지만 앞에 제시한 대표적인 예들은 현재 강박장애 치료 연구에서 가장 세계적인 권위와 업적을 인정받는 정신의학자와 임상심리학자들이 생물통계학자들과 더불어 매우 엄정한 과학적 실험 연구 절차를 통해 도출한 결과들이다. 계속되는 연구에 따라 변화할 수 있지만, 현재까지의 연구결과들을 통해 강박장애의 치료방법에 대하여 다음과 같은 잠정적인 결론과 합의점을 얻을 수 있다.

① 강박장애에 대한 행동치료와 항우울제 치료 모두 증상 완화에 효과가 있는 것으로 보인다. 그러나 상대적인 치료 효과의 크기를 비교할 때, 행동치료는 결코 항우울제 치료에 비하여 효과가 뒤떨어지지 않는다. 오히려 행동치료의 우수성이 시사되는 연구결과들이 증가하고 있다.

② 항우울제 약물 치료를 받고 있는 강박장애 환자들에게 인지행동치료를 제공하는 것은 강력한 치료 증진 효과를 나타낸다. 반면에, 인지행동치료를 받는 강박장애 환자들에게 항우울제를 추가로 투여하는 것은 그다지 치료 효과의 증진을 가져다주지 못하는 것 같다.

③ 행동치료를 단독으로 받는 것에 비하여, 행동치료와 약물치료를 동시에 받는 것이 강박장애를 치료하는 데 보다 우수할 것이라는 일반적인 생각은 실제 임상 연구의 결과를 통해 잘 지지되지 않는다.

④ 항우울제가 잘 듣지 않는 강박장애 환자에게 항정신병약을 추가로 투여하는 치료방법의 효과는 일관적으로 관찰되지 않는 것으로 보인다. 강박장애 치료에 항정신병약의 유용성을 보고한 연구결과들이 많이 있어온 것은 사실이지만, 최근 미국 정신의학협회 저널에 보고된 임상 연구의 결과는 항우울제 치료를 받고 있는 강박장애 환자들에게 항정신병약을 추가하든 위약을 추가하든 치료 결과상에 차이가 없었음을 보고했다. 이와 같은 연구결과들은 일차적으로 항우울제를 처방받고 있는 강박장애 환자에게, 치료 효과 증진을 위하여 어떠한 치료방법을 추가하는 것이 적합한지 결정하기 위해 보다 많은 연구가 필요함을 시사한다. 심슨 박사와 동료들(Simpson et al., 2013)의 연구결과는 행동치료가 항우울제 치료에 추가될 때 현저한 치료 효과의 증진을 가져옴을 보여준다.

⑤ 항우울제 약물치료와 행동치료가 둘 다 효과적인 치료방법으로 인정되고 있지만, 전체적인 치료 효과의 크기를 고려할 때 치료방법을 개선하기 위한 지속적인 임상

연구의 노력이 절실하다.

⑥ 위약 효과의 미미함에서 나타나듯이 강박장애는 치료 없이 저절로 호전될 가능성이 극히 낮은 심각한 심리적인 장애이므로, 일상생활을 저해하는 강박증상이 관찰될 경우 반드시 전문가를 찾아 정확히 평가와 진단을 받고 필요한 치료를 받는 것이 중요하다. ❖

# 3. 정신분석 심리치료

정신분석 심리치료는 지금까지 언급한 행동치료나 인지행동치료와는 많은 부분에서 다르다. 행동치료나 인지행동치료는 정신분석 심리치료에 비해 비교적 짧은 회기로 이루어지고, 표적 증상에 대해 직접적인 개입을 한다. 이에 비해 정신분석 심리치료는 증상을 직접 다루어 즉각적으로 증상을 완화시키려는 시도를 하기보다는 그러한 증상의 의미를 탐색하며, 한 인간의 인생 전반에서 그러한 증상이 어떤 기능 혹은 역할을 하는지에 좀 더 중점을 둔다. 그리고 정신분석 심리치료는 우리가 생각하고 느끼는 의식적인 영역뿐만 아니라 그동안 적절히 다루지 못하고 지나쳤던 무의식적 영역을 함께 다룸으로써 복합적이고 심도 있는 통찰과 자기 이해를 도모하려는 시도라고 할 수 있다.

물론 현실적인 상황에 따라 적절하게 다양한 치료적 개입을 할 수 있겠지만, 정신분석 심리치료는 무엇보다도 한 인간의 지속적인 성장과 치유를 목표로 하며, 삶을 살아가면서 경험하는 좌절과 고뇌와 갈등에도 불구하고 일할 수 있고 서로 사랑할 수 있는 능력을 키우고 발휘하게 하는 것이다. 그러므로 정신분석 심리치료에는 인지적인 요소 이외에도 인본적이고 실존적인 요소들이 포함되어 있으며, 내담자가 고통을 겪고 있는 심리 증상이나 대인관계에서의 어려움 등을 매개로 하여 인간 삶의 전체적인 모습에 대한 새로운 이해와 변화를 모색하는 전인적이고도 실제적인 접근이라고 할 수 있을 것이다.

정신분석 심리치료는 프로이트가 창안한 정신분석에서 비롯되었다. 내담자의 자유연상과 더불어 치료자의 잔잔히 떠있는 주의력 그리고 절제 규칙은 정신분석 심리치료에서 가장 중요한 기본 규칙이다. 치료자는 이러한 기본 규칙을 기반으로, 매 회기마다 개별 내담자와 가공적이지만 어떤 만남보다도 진실된 만남을 통해 치료장면에서 무엇이 구성되고 상연되는지를 다각적으로 파악하고 검토하게 된다.

치료는 주로 지금 현재 의식에 가까운 것에서부터 현재 삶의 장에서 겪을 수 있는 불안, 고통, 문제, 저항, 방어 등으로 시작된다. 이렇게 치료자는 내담자의 상태나 상황에 반응적으로 조율해가면서 저항이나 전이, 역전이 현상들을 적절하

**정신분석의 주요 개념** (윤순임, 1995)

### 자유연상

자유연상이란 내담자로 하여금 어떤 생각, 감정, 기억, 상상이든, 그것이 애써 생각한 것이든 또는 저절로 떠오른 것이든 가리지 않고 그대로 정직하게 표현하게 하는 것이다.

### 저항

프로이트는 처음에는 저항을 일부러 하는 의식적인 현상으로 보았으나, 연구를 거듭하면서 저항의 많은 부분이 무의식적이라는 것을 확신하게 되었다. 내담자는 문제의 원인이 된다고 생각하는 내용을 의식적·무의식적으로 드러내고 싶어하지 않는다. 그래서 이러한 내용들에 대한 기억이 어렵거나 불가능할 수 있다. 이러한 저항은 도저히 버틸 수 없는 것이라고 믿는 짐스러운 경험들, 수치심, 자책감, 상처를 두려워하는 마음 등에서 비롯된다.

### 전이

전이란 한 사람이 과거에 가졌던 의미 있는 인간관계에서 체험한 소망, 기대 혹은 좌절 등이 지금-여기에서 만나는 치료자와의 관계에서 무의식적으로 활성화되면서 반복되는 현상을 말한다. 프로이트는 전이 현상을 객관적으로 발견하고 이해하여 내담자에게 적절한 상황에서 언어화할 수 있을 때 치료에 결정적인 효과를 낼 수 있다고 하였다.

### 역전이

프로이트는 처음에 역전이를 내담자의 전이에 대한 분석가의 무의식적 반응으로 이해하였다. 프로이트 사후에도 역전이 현상에 대한 연구가 활발히 이루어져 현재는 이해와 활용의 폭이 증대하였다. 분석가는 간직하기(containing), 버티어주기 (holding)와 같은 깊은 공감을 수반하는 기법들을 활용하여 역전이를 다루어나가는데, 이러한 기법들을 적절히 구사하기 위해서는 분석가의 오랜 자기분석과 정규적인 훈련이 필요하다.

게 활용하게 된다.

강박장애 내담자를 치료할 때 치료장면에 나오는 주제들은 주로 성, 공격성 그리고 통제에 관한 것들이다. 그리고 이러한 내담자들은 변화에 대해 저항하는 정도가 매우 강하고 모든 상황을 통제하려는 시도를 한다. 이들은 모든 것에 대해 의심을 하는 경향이 있고 양가적인 태도를 보이기도 한다. 또한 완벽을 추구하고 자신의 수용하기 어려운 생각들이 재앙을 불러일으킬 수 있다고 느낀다.

내담자의 변화에 대한 저항을 다루려면 치료자들은 그러한 저항이 대단히 강력하다는 것을 알아야 한다. 내담자들은 객관적인 관찰에 대해 이것이 타당하지 않다고 종종 거부할 수 있기 때문에, 치료자는 이러한 사실들을 잘 감내할 수 있어야 하고 치료적인 관계가 형성될 때까지는 섣부르게 직면시켜서는 안 된다.

강박장애 내담자에게 자주 등장하는 주제는 통제에 대한

요구다. 이들이 보이는 강박적인 의례, 의심, 완벽의 추구 등과 같은 증상들은 자신의 내적 · 외적 세계를 통제하려는 신경증적인 시도로 볼 수 있다. 내담자들은 이러한 증상들이 세상을 안전하고 편안하게 만든다는 착각을 가지고 있다. 그리고 강박적인 사고나 행동들을 포기하면 파국적인 일이 발생할 것이라는 생각을 한다. 이들은 모든 것에 완벽하게 안전하다고 확신을 하기 위해 오류를 범하지 않으려 하고, 이에 따라 분명한 결정을 내리지 못할 수 있다. 그리고 단어, 충동, 생각을 행동하는 것과 동등하게 여기고, 특정 사고가 다른 사람의 행동을 통제한다고 믿기도 한다.

강박장애 내담자는 종종 치료자를 통제하려 하고 정서적인 경험을 격리시켜서 합리화하려는 시도를 한다. 그리고 증상을 변화시키지 못하는 치료자를 비판하고, 변화 시도에 대해서 계속 저항할 수 있다. 이들은 치료가 진행되면서 현실검증이나 직면에 다가감에 따라 점점 경직되고 통제적인 반응을 보일 수 있다. 그리고 이들은 통제 상실에 대한 공포 때문에 치료자에 대한 불만이나 불신 등과 같은 느낌을 공유하기가 어렵다. 강박장애 내담자는 대개 합리적이고 평온하기를 원하는데, 정서적 반응에 대한 통제는 강박적 방어의 특징이라고 할 수 있다.

강박장애 내담자를 치료할 때에는 다른 심리장애에 비해

치료 초기부터 치료자가 능동적일 필요가 있다. 하지만 내담자에게 치료자가 치료를 주도한다는 느낌을 주거나, 치료자가 내담자를 압도해서는 안 된다. 강박장애 내담자는 어느 순간 세세한 것에 집착하여 설명하면서 주된 흐름에서 이탈할 수 있는데, 이때 적절하게 개입하여 이를 중단시키는 것도 필요하다. 치료자 편에서 경험되는 가장 빈번한 역전이 반응은 졸립거나 치료 자체에 마음을 둘 수 없는 것 등이다. 그러므로 치료자는 치료장면에서는 이러한 역전이 반응을 잘 활용해야 하며, 전반적으로 치료 계획에 대해 확고한 틀을 가지고 있어야 한다.

살츠만(Salzman, 1983)은 강박장애 내담자를 치료하는 데 도움이 되는 몇 가지 목표를 제시하였다. 우선, 과도한 통제 시도와 어떻게 관련되는지를 보기 위해 각각의 증상과 강박적인 방략들을 검토한다. 절대적인 통제에 대해 착각과 같은 느낌을 주는 의례, 공포, 성격특성들이 탐색된다. 두 번째로는, 그러한 방략들이 반드시 필요한 것이라기보다는 삶에 방해가 된다는 것을 반복적으로 해석한다. 세 번째로는, 내담자들에게 불안이 삶의 불가피한 부분이라는 것을 수용하게 한다. 이 것은 이들에게 완벽하려는 시도를 포기하게 만들고 사람들에게는 한계가 있다는 것을 충분히 받아들이게 하는 것이다.

살츠만은 강박장애를 보이는 내담자를 치료할 때 치료자가 가장 빈번하게 빠지는 함정들 중의 하나가 오랫동안 과거에 대해 논의하는 것이라고 하였다. 과거의 회상은 양가감정으로 이끄는 의심들로 뒤덮일 수 있다. 따라서 치료는 가능하면 현재 상황에 초점을 두어야 하고, 현재의 기능, 관계, 주제들을 논의해야 한다. 이러한 현재에의 초점은 명료성을 제공하고, 지속적인 의심과 왜곡을 덜하게 만들며, 정서적인 경험을 능동적으로 탐색하는 것을 돕는다. 강박장애 내담자들은 적대감이나 정서적인 느낌들을 인식하고 표현하는 것을 배우는 것이 중요하다. 이것이 가능해질 때까지 치료자는 참고 기다려야 한다.

결국 다른 모든 신경증의 심리치료에서와 유사하게, 강박장애 내담자는 치료를 통해 일상생활에서 누구에게나 있을 수 있는 실패나 부정적인 정서들을 경험하면서도 있는 그대로 정직하게 수용할 수 있어야 하고, 자신의 것으로 버티고 추스를 줄 알아야 한다. 그렇게 되면 강박 증상과 관련하여 방어기제들을 계속해서 사용하는 것을 그만두게 되고, 방어하는 데 투입되는 불필요한 에너지를 좀 더 의미 있는 일에 생산적으로 활용하게 될 것이다. ◈

# 4. 스스로 강박장애 극복하기

다음에 소개할 자가치료 방법들은 치료과정 중 치료자와 함께 실시할 수도 있고, 과제의 형태로 스스로 연습하고 적용해볼 수도 있다. 전문가의 도움을 받으면서 이와 같은 자가치료적인 노력을 병행한다면 치료 효과 역시 배가 될 것이다. 여기서는 포아Foa와 윌슨Wilson 박사가 제안한 강박장애 자가치료법을 중심으로 자기 자신을 위해 어떠한 치료적 노력을 기울일 수 있는지 살펴보기로 하자.

## 1) 네 가지 도전

포아 박사(2001)는 강박장애의 어려움을 극복하기 위해서 주지해야 할 다음의 네 가지 사항을 제시하였다.

## (1) 문제에 적극적으로 대처하기

포아 박사는 강박장애 증상을 극복하기 위해서 가장 우선적으로 해결해야 할 도전적인 과제가 바로 자신의 문제를 정복하겠다는 단호한 결심을 하는 것이라고 하였다. 지금이 강박 증상을 정복할 절호의 시기라고 생각하고 문제에 적극적으로 대처해야 한다. 강박장애 증상을 완전히 없애지는 못하더라도 일상생활에 지장을 주지 않는 수준으로 감소시킬 수 있음을 믿고 이에 효과적으로 대처할 수 있는 방법을 배워야 한다. 이것은 '가능한' 일이다. 불안과 불편감으로부터 벗어나기 위해 강박행동에 나 자신을 포기했던 지금까지와는 다른 방식으로 나의 강박 증상을 컨트롤할 수 있다는 사실에 희망을 가져야 한다. 앞서 여러 치료 연구의 결과에서 제시했듯이 행동치료를 통해 무려 80%의 강박장애 환자가 의미 있는 증상의 감소를 보인다. 자신도 행동의 변화를 통해 그 80% 안에 속할 수 있음을 기대하며, 지금보다 훨씬 편안하고 안정감 있는 생활을 누리기 위해 보다 적극적인 대처방법을 배워야 한다.

대부분의 강박장애 환자가 자신의 증상과 수년간 더불어 지내온 이후에는 매우 무기력해지고 자포자기의 상태로 증상을 방치한 채 이리저리 휩쓸리고 있는 것을 보게 된다. 문제를 극복하기 위해 우선적으로 마음속 깊이 아로새겨야 할 내용은 바로 이것이다. '이 문제를 해결할 수 있다!'

### (2) 비현실적인 불안 인식하기

포아 박사가 제안한 두 번째 과제는 강박장애에 관련된 자신의 걱정은 비합리적인 것이라는 사실을 분명하게 인식하는 것이다. 그러나 강박사고에 사로잡힌 사람들은 이로부터 매우 실제적인 위협을 지각하고 이를 어떻게 무마시키거나 피해야 하는지에 골몰하게 된다. 대부분 현실적이지 않고 다분히 과장되어 있는 걱정에 몰두하는 것이다. 강박 증상이 진행되고 있는 동안 공포와 불안감에 시달리고 있을 때는 이를 어떻게 모면할 것인가에 온 정신을 빼앗기게 되며, 합리적으로 상황을 판단하고 행동한다는 것이 무척 어려운 일이 될 것이다. 그러나 치료를 통해서 강박사고를 보다 현실적이고 합리적인 방식으로 재조명할 수 있게 된다면 불안감을 잠재우고 보다 합리적이고 이성적인 새로운 대처방식을 습득하게 될 것이다.

### (3) 실험정신으로 무장하기

포아 박사는 또한 의례화되어 끊임없이 반복되는 강박행동만이 불편감을 감소시키는 유일한 방법이 아님을 분명히 인식해야 한다고 주장한다. 대부분의 강박장애 환자는 자신이 의례행위를 하지 않으면 고통이 영원히 지속되고 끔찍한 일이 일어날 것이라고 생각한다. 빠른 시간 내에 안도감을 되찾기 위해서 강박행동에 반복적으로 빠져드는 것은 너무나 당연한 일인지도 모른다. 그러나 만일 고통을 주는 강박행동 외에 보다 효과적인 다른 대처방법이 있다면 이를 모색하고 실험적인 도전을 해야 할 것이다. 비합리적인 두려움을 극복해나가는 과정에서 용기와 지식은 불가분의 관계에 있다. 우리가 어떤 대상에 대해 비합리적인 두려움을 유지하는 이유는 그를 직면할 용기가 부족해서이지만, 한편으로는 과연 그것이 정말로 두려운 대상인가에 대한 확신이 없기 때문이다. 이를 위해 필요한 것이 실험정신이다. 과연 내 맨손으로 공공화장실의 변기 물을 내리는 것이 그렇게 치명적인 위험을 안고 있는 일인지 생각해보고, 이를 극복하기 위해서는 열린 마음으로 나 자신을 실험 속에 몰입시키는 것이 반드시 필요하다는 것을 알아야 한다. 계속 두려움을 안고 헤어날 수 없는 반복의 굴레 속에 머물러 있겠는가 아니면 내 삶을 얽어맨 강박장애에 용감히 도전하고 그 핵심에 분연히 맞서겠는가?

### (4) 있는 그대로 수용하기

도전하고 저항하고 실험하는 정신과 더불어 포아 박사가 또한 강조한 것은 통제할 수 없는 현상을 있는 그대로 받아들이는 수용의 정신이다. 상반된 이야기처럼 들릴 수 있지만, 우리 삶에는 저항하고 싸워 이겨야 할 것들이 있고, 있는 그대로 수용하고 품고 견디어내야 하는 것들이 있다. 이 둘이 바뀔 경우 우리 삶에는 큰 고달픔이 생긴다. 아주 단순하게 말하자면, 강박행동은 우리가 저항하고 싸워서 중단시키고 우리 삶에서 몰아내야 할 대상이다. 반복되는 강박행동은 결코 수용과 관조의 대상이 아니다. 반면에 강박사고는 아무리 그 내용이 해괴하고 부적절하고 끔찍할지라도 수용의 대상이다. 컴퓨터에서 작업할 때 본체에서 지속적으로 나는 냉각팬의 소리는 그저 무의미한 잡음일 뿐이다. 냉각팬의 소리를 거슬려 하고 싸우기 시작하면 작업에 집중할 수 없는 것과 마찬가지다. 이러한 비합리적인 강박사고는 싸우고 저항하면 할수록 더욱 상대하기 어려운 괴물이 되어버릴 가능성이 많다. 잡음처럼 마음속에 들려왔다 혼자 사라지도록 상관하지 않고 있는 그대로를 수용하는 것이 보다 효과적인 방법인 경우가 많다.

하지만 이것은 아주 어려운 부분인 것 같다. 강박사고 자체가 지닌 극심한 불편감 때문이다. 증상이 지속되게 만드는 근원은 강박사고에서 비롯되는 불편감에 있다고 해도 과언이 아니다. 그렇기 때문에 이를 저항 없이 마음속에 담고 있으라는 요구는 말처럼 쉽지 않다. 앞에서는 강박사고가 비합리적임을 분명히 인식해야 한다고 하고서는 왜 이제 와서는 저항하지 말고 그대로 받아들이라는 것일까? 비합리적이고 터무니없고 현실적이지 않기 때문에 상대할 필요가 없다는 말이다. "난 상관 안 해! 괜찮아. 내버려둬!"

생각을 떨쳐버리고 지워버리려 할수록 문제는 더욱 악화된다. 여기서 수용이라 함은 강박사고의 비현실적인 내용을 있는 그대로 믿으라는 것이 아니다. 그 내용은 전혀 동의하지 않더라도, 강박사고가 마음에 침투하고 때로 마음에 머물러 있는 현상을 있는 그대로 수용하여 의도적인 저항의 노력을 멈추라는 것이다. 강박사고에 저항하지 않고 이를 그대로 받아들이는 것은 생각의 빈도를 감소시키는 첫걸음이 된다. 이것은 마치 꺼지지 않던 불에 연료를 차단하는 것과 마찬가지다. 강박사고가 두려워 계속 맞붙어 싸우려 하면 강박사고는 통제불가한 괴물이 되어버리지만, 이를 그저 내버려두면 마음의 잡음이 되어서, 사라져 가기 시작할 것이다.

## 2) 강박사고 수용하기

강박사고를 멈추기 위해서는 강박사고를 멈추려는 인위적인 노력을 먼저 중단해야 한다. 대신 강박사고의 침투를 그대로 수용해야 한다. 이를 위해서는 강박사고와 관련된 생각의 흐름을 의도적이고 자발적인 과정으로 변환시켜야 하는데, 이것은 강박사고에 저항하지 않으면서 의도적으로 통제할 수 있는 방법들을 찾아내야 한다는 것을 의미한다.

이것은 마치 말을 더듬는 사람에게 일부러 말을 더듬으면서 연설을 해보라고 하는 것이 때로 치료적인 효과가 있을 수 있는 것과 유사한 맥락으로 생각해볼 수 있다. 말을 더듬을까 봐 자기 혀끝의 움직임에 온 신경이 집중되어 있으면 사람들의 이야기가 귀에 들어오지 않는다. 더욱 긴장이 고조되고, 긴장의 결과로 더욱 혀가 경직되고 단어 하나하나 말하는 것이 고통스럽게 느껴진다. 그러나 일부러 말을 더듬으려고 시도하면, 쑥스럽지만 오히려 평소처럼 '잘 더듬을' 수가 없다. 이를 통해 말을 더듬는 것에 대한 통제감을 얻을 수 있게 된다. 일부러 말을 더듬을 수 있으면 의도적으로 말을 더듬지 않을 수도 있다는 것을 배우게 되는 것이다. 강박사고의 허를 찔러야 한다. "모든 심리적 에너지를 동원해 나를 억눌러다오" 하며 침투해오는 강박사고를 소 닭 보듯 무심하게 대해야 한다. 어떤 의미도 두지 말자. 강박사고는 실제도 아니고, 나의 근본적인 인간성의 결함을 증명하는 것도 아니며, 미래의 재난을 예견하는 것도 아니고, 그저 마음속의 잡음일 뿐이다. 리포트를 작성하며 일에 열중해야 할 때, 컴퓨터 냉각팬에서 나오는 잘 들리지도 않는 잡음에 의미를 부과할 필요가 없다. 소 닭 보듯 하자. 그래, 지금 이 순간부터 강박사고 너는 '닭'이다!

순간순간 떠오르는 생각, 이미지, 충동 등은 무의미한 경우가 대부분이며 여기에 어떠한 방식으로 대처하는가에 따라 그것이 문제가 되기도 하고 되지 않기도 한다. 가능하면 이러한

'자연스러운' 심리 현상을 극히 사소하고, 무의미하며, 일시적인 것으로 간주한다. 왜 내가 강박사고에 빠져들었는지, 이것이 무엇을 의미하는지, 어떻게 멈출 수 있을지를 분석하려고 하지 마라. 강박사고에 대한 보다 수용적인 대응을 위해 다음을 염두에 두자.

- 마음에 강박사고가 들어온 것을 부인하지 말고, 수치스러워하지 말고, 있는 그대로 받아들이자.
- 연구결과에 의하면 이 세상 사람들의 90% 이상이 이와 같이 엉뚱한 생각의 침투를 경험한다. 이런 부적절한 생각이 내 마음에 있다는 것은 내가 살아 숨 쉬는 보통 사람 중의 하나라는 뜻이다.
- 이와 같은 강박사고에 대한 불안과 수치심이 느껴진다는 것은 나의 착한 양심이 살아 있다는 뜻이다. 강박사고 때문에 이처럼 마음이 불편해지는 것 역시 내가 양심적인 보통 사람이라는 뜻이다.
- 강박사고의 침투는 누구에게나 있을 수 있는 일이다. 우리 주변에서 항상 소음이 들려오듯, 우리의 마음 안에서도 언제나 소음은 들려올 수 있다. 강박사고는 그저 소음 같은 것이니 의미 없는 것이다.
- 강박사고의 내용은 무의미하고, 비실재적이며, 비합리적

인 것을 알기에 이에 대해 분석하려 들지 말자. 강박사고
가 실제가 아니라는 것, 비합리적이라는 것을 의도적으
로 되새기며 스스로 안위하려는 노력은 또 다른 강박사
고가 될 수 있다.

위와 같은 대응은 또한 강박사고의 침투에 대한 여러 가지
비합리적인 해석을 감소시킬 수 있도록 돕는다. 앞서 설명한
대로 인지행동이론은 강박사고에 대한 파국적이고 비합리적
인 해석으로 인해 강박장애 증상이 유지되고 악화된다고 설명
한다. 나를 해칠 것 같은 괴물에는 위협적인 의미를 붙이는 것
이 당연하지만, 소 앞에서 모이를 쪼는 닭은 정말 아무런 의미
가 없다. 강박사고가 무의미한 소음처럼 수용되기 시작할 때,
더 이상 두려워할 이유도 없고, 강박행동으로 안간힘을 써야
할 필요도 없어진다.

### (1) 강박사고를 반복해서 듣기

강박장애 현상에는 역설적인 측면이 많다. 의도적인 사고
억제가 '마음속의 잡음'을 병적인 강박사고로 만들어가는 것
이 좋은 예다. 치료 과정에서도 역설적인 접근이 유용한 경우
가 많다. 강박사고처럼 괴롭고 부적절한 생각들을 수용해야
한다는 것도 역설이다. 여기서 한 걸음 더 나아가 보다 역설적

인 치료적 접근을 제시하자면, 그것은 강박사고를 종이에 반복해서 적어보는 것이다. 그토록 마음속에서 떨쳐내려 고통스레 애썼던 강박사고를 오히려 종이에 적어보라니 이런 얼토당토않은 이야기가 어디에 있냐고 따지고 싶을지도 모르겠다. 특별히 단편적인 문장이나 이미지와 같이 떠오르는 공격적, 성적 혹은 종교적 내용의 강박사고는 종이에 적어보고 음성으로 녹음하여 반복해 듣는 것이 치료적인 효과를 갖는다. 이처럼 자신의 강박사고를 녹음해서 반복 청취하는 것은 포아 박사가 추천하는 효과적 자가치료 방법 중의 하나이기도 하다.

이와 같은 생각들은 그 자체가 불안의 대상이므로, 이에 대한 노출치료가 필요하다. 두려움을 주는 공공화장실 문고리를 만져야 하듯이, 불안감을 주는 침투사고를 직면하고 노출해야 한다. 공격적·성적·종교적 내용의 강박사고를 녹음하여 반복적으로 듣는 것은 실제로 효과적인 인지행동치료의 기법으로 검증되고 활용되어 왔다. 요즘에는 대부분의 사람이 스마트폰을 사용하고 있으니, 쉽게 강박사고의 내용을 MP3와 같은 음원파일로 녹음하여 반복적으로 재생해 들을 수 있을 것이다. 특별히 자기 자신의 목소리로 강박사고를 녹음하여 들을 때, 그것은 마치 자기 마음의 목소리처럼 들려 보다 효과적인 노출을 위한 불안자극이 될 것이다.

이 과정에서 한 가지 중요한 것은 강박사고를 듣는 중에 다른 강박행동을 수행해서는 안 된다는 것이다. 마음속에서 숫자를 세거나, 손으로 어떤 불안을 감소시키는 강박행동을 하거나 해서는 안 된다. 이는 "노출과 반응방지" 기법의 원리를 그대로 적용하는 것이다. 처음에는 녹음된 강박사고를 들으며 심한 불안감을 느낄 수 있지만, 계속해서 인내하고 수용하면서 강박사고를 반복해서 들을 때, 강박사고의 불편감이 감소하여 무의미한 소음처럼 되어가는 것을 경험할 수 있을 것이다.

### (2) 불안 상황에 직면하기

불안할 때 자연적으로 나타나는 행동은 회피다. 그러나 근본적으로 두려움을 극복하기 위해서는 두려움을 유발하는 대상과 맞서야 한다. 회피는 두려움을 유지시키지만 직면은 두려움을 극복할 수 있는 중요한 기회를 제공한다. 자신의 강박사고를 반복해서 듣거나, 위계에 따라 불안자극 상황으로 노출해 들어가는 것도 직면의 방법이다. 상황을 직접적으로 장시간 동안 직면하는 방법이야말로 불안감을 해소하기 위한 가장 직접적이고 효과적인 방법이다. 불안 상황에 대한 습관적인 회피를 중단하고, 용감히 그와 같은 상황들을 직면해나가는 것은 포아 박사가 강조하는 자가치료적 방법 중의 필수적인 항목이다.

30대 중반의 여성인 김 씨는 약 5년간 자신의 어린 딸을 칼로 찌르는 강박사고로 인해 심한 고통에 시달려왔다. 그가 사용한 방법은 '상황회피'였다. 김 씨는 어떻게든 딸과 둘만 있게 되는 상황을 피하려고 하였다. 도저히 불안해서 견딜 수 없었던 그녀에게는 당연한 조치였는지도 모른다. 치료 과정에서 김 씨는 이러한 내용의 강박사고를 생생하게 녹음한 음성을 반복해서 들으며 조금씩 강박사고에 대한 불안감을 감소시켰고, 동시에 딸과 단둘만 있는 시간을 점진적으로 증가시켰다.

이 과정을 통해 김 씨는 자신의 충동적인 생각과 이에 대한 회피가 얼마나 비현실적인지를 명확히 인식하게 되었다. 계속해서 상황을 회피하면 자신의 두려움이 지닌 비합리성과 비현실성을 깨닫지 못하게 될 뿐만 아니라, 회피행동 자체가 안정감을 주는 하나의 부적응적인 대처방식으로 굳어지게 된다.

우선은 불편감을 야기하는 상황을 직면할 수 있는 경우를 점검해보라. 불안하기 때문에 피하는 상황이나 장소 또는 꺼리는 행동이 무엇인지 살펴보라. 만일 오염에 대한 두려움으로 위축되어 있다면 공동으로 사용하는 문고리를 쓰다듬어본다. 누군가가 내 수집물이나 정돈 상태에 손을 댈까 봐 두렵다면 가족에게 내 소지품을 정리해달라고 부탁해본다. 처음에는 괴롭겠지만, 이것이 인생의 행복을 되찾기 위한 것임을 기억하고 꿋꿋하게 참아야 한다.

마찬가지로 강박사고로 인한 괴로움에서 벗어나기를 원한다면 강박사고로부터 벗어나려 애쓰지 말고, 담담히 '마음의 잡음'을 직면하라. 싸우려 해서는 안 된다. 누차 이야기했듯이 의도적으로 생각을 억제하고 떨쳐내려는 시도는 비효과적이고 역설적인 결과를 가져온다. 이 장에서 소개한 많은 방법은 얼마나 강박사고의 침투를 있는 그대로 수용하고, 불안한 상황을 담담히 직면해가며, 실험정신으로 그 직면의 결과를 검토해나가는가에 성공여부가 달려 있다.

"너무 괴로워서 생각을 떨쳐내려고 갖은 수단을 다 사용해 보았지만 전혀 효과가 없었어요. 결국에는 포기하고 말았죠. 너무나 지쳐서 될 대로 되라는 식으로 내버려두었죠. 그랬더니 어느 순간엔가 그 생각이 점점 사라지더군요!"

### 3) 강박행동 멈추기

현상적으로 강박장애에서 가장 명백하게 나타나는 증상들은 반복적이고 의례화되어 있는 강박행동이다. 따라서 상당한 시간과 노력을 소모하게 만드는 강박행동이 중단되는 것이 겉으로 드러나는 가장 명백한 치료적 성과일 것이다. 여기서도 강박행동은 일시적으로 불안감을 해소시켜주지만 장기적인 측면에서 볼 때는 증상을 지속시키는 극히 해로운 요소라는 점을 명심해야 한다.

포아 박사는 강박행동을 변화시키고 결과적으로 중단하기 위해 사용할 수 있는 매우 유용한 자가치료적 방법들을 제시하였다. 그 내용을 네 가지 구체적인 방법으로 요약하여 다음에 제시하였다.

## (1) 강박행동 지연시키기

강박행동을 바로 중단시킬 수 있다면 가장 이상적이겠지만, 그것은 매우 어려운 일이다. 보다 용이한 치료적 과제는 포아 박사가 제안한 것과 같이 불편감을 감내하며, 강박행동의 수행을 지연시키는 것이다. 얼마나 오랫동안 강박행동을 지연시킬 수 있는가는 사람마다 어떠한 증상을 가졌는가에 따라서 다를 것이다. 기껏해야 몇 분 정도밖에 지연시킬 수 없는 경우도 있을 테고, 어떤 경우는 반나절을 지연시킬 수도 있을 것이다. 예를 들어, 방금 '오염물'을 만져 감염에 대한 두려움과 강박사고가 마음을 사로잡고 있을 때, 바로 손을 반복해 씻고 싶은 충동이 강렬하게 일어날 것이다. 점진적으로 이와 같은 두려움과 고통을 견딜 수 있는 내성을 늘려가야 한다. 처음에는 손을 씻지 않고 5분을 참는 것이 어렵겠지만, 조금씩 조금씩 도전하자. 5분, 10분, 15분, 30분, 한 시간, 두 시간… 이와 같이 강박행동을 지연시킬 능력을 점진적으로 훈련하다

보면, 불안 상황을 대처하는 자신의 능력에 대한 확신과 더불어 시간이 흐름에 따라 불안이 자연스럽게 감소한다는 것도 배울 수 있을 것이다. 또 이를 통해 성공적으로 강박행동을 지연시킴으로써 증상과 문제에 대한 통제감을 획득할 수 있는 것이다.

처음에는 힘들겠지만 이 과정을 반복하다 보면 강박행동을 당장 수행하지 않아도 시간의 흐름에 따라 저절로 불안감이 감소하는 것을 느끼게 될 것이다. 더불어 강박행동 수행에 대한 압박과 충동도 희미해질 것이다. 궁극적인 치료적 목표는 강박행동을 멈추거나 보통 사람들이 하는 수준으로 낮추는 것이다. 이 목표를 향해 점진적으로 도전해보자. 한 걸음 한 걸음 목표를 향해 좌절하지 말고 도전하자. 때로 후퇴하는 것처럼 보일 수도 있지만, 꾸준히 포기하지 않고 노력하면 강박행동을 지연시킬 수 있는 자신의 능력이 이렇게 향상되어 왔음을 깨닫는 순간이 올 것이다.

### (2) 강박행동 둔화시키기

포아 박사가 제안한 두 번째 자가치료적 방법은 의도적으로 의례화되어 수행되는 강박행동의 속도를 슬로우 모션으로 둔화시키는 것이다. 보통 강박행동을 수행할 때는 강한 압박과 긴장감에 허겁지겁 쫓기기 마련이다. 포아 박사는 생각과 행동의 속도를 의도적으로 둔화시킴으로써 우선은 이러한 불편한 감정의 강도를 떨어뜨릴 수 있으며, 결과적으로 강박행동의 압박감도 그 힘을 조금씩 잃게 될 것이라 하였다.

그리고 또 다른 중요한 목적은 의례행위의 부분적인 과정의 세세한 사항을 분명하게 인식하고 기억하기 위함이라고 하였다. 대부분의 경우에 강박행동이 한 번으로는 충분하지 못하다고 생각하여 몇 번이고 반복하기 때문이다. 속도를 늦춰서 의례행위 중의 모든 생각과 행동을 분명하게 인식하고 기억한다면 '문이 잠겼는지'를 반복적으로 확인하고 싶은 압박 또한 감소할 것이다. 손을 씻거나 문이 잠겼는지 확인할 경우에 순간순간의 생각과 행동을 아주 천천히 하며 스스로에게 분명히 기억시킨다. 그러면 '내가 제대로 했나?'와 같은 생각은 감소할 것이다.

포아 박사는 이 기법이 특별히 다음과 같은 강박적인 확인행동에 아주 효과적이라고 하였다. 우선은 문에 천천히 다가간다. 그리고 몇 초간 깊은 숨을 내쉬고 앞에서 배운 호흡이완 기법 등으로 불안감을 감소시킨 후에 문고리를 잡는다. 명확하게 손가락이 문고리의 차가운 금속과 맞닿는 느낌에 주목하고 기억에 담는다. 그리고 천천히 문을 잠그면서 '달가닥' 하고 잠기는 소리를 분명하게 인식하고, 잠시 멈춰 서서 지금 무슨 일이 일어난 것인지를 분명하게 기억한다. 다시 심호흡을 하고 마음을 차분히 가라앉히고는 문이 잠겼음을 분명히 확인한 후에 돌아서서 갈 길을 가는 것이다.

아마 잠시 후에 강박사고가 또 다시 의식을 침투할 것이다. '문이 혹시…? 정말로 제대로 잠겼을까?' 어떻게 스스로에게 대답하겠는가? '그냥 가라. 맘 놓고 가라. 분명히 보고 듣고 만지고 확인하지 않았나!' 이렇게 동작을 늦춤으로써 주의집중력과 기억력의 향상을 도모할 수 있다. 특별히 강박적인 확인행동은 자기 기억에 대한 불확신과 깊은 관련을 가지고 있다. 연구결과, 강박적인 확인행동을 하는 사람들의 경우 실제 기억 능력에는 변화가 없지만, 자신의 기억에 대한 불확실감이 오랜 반복행동을 통해 증가된다는 사실이 보고되었다. 문을 제대로 잠갔는지에 대한 자기 기억의 확신이 없으니 '이제 됐다'는 느낌이 들 때까지 반복해서 확인해야 한다. 따라서 이와 같이 강박행동의 속도를 둔화시키며 상황의 다양한 측면을 시각, 청각, 촉각을 통해 감지해보려고 하는 것은 재확인에 대한 불안감과 충동을 감소시킬 수도 있다.

### (3) 강박행동의 속성 변화시키기

포아 박사는 또한 특이한 방식으로 고착되어 있는 강박행동의 패턴을 변화시키는 것이 치료적으로 유용한 방법이라고 하였다. 의례화된 행동을 수행하는 순서를 변경시키는 것을

비롯하여, 포아 박사가 제시한 다음과 같은 예들이 있다. 발부
터 시작해서 머리 쪽으로 샤워를 해나가는 것이 굳어진 순서
라면, 반대로 머리부터 시작해서 발 쪽으로 씻어나가는 것이
다. 빈도도 변화시킨다. 숫자를 세는 것이 의례화된 행동이라
면 정해져 있는 숫자의 길이나 분량 및 반복 횟수를 변화시키
는 것이다. 만일 10까지 네 번 반복하는 것이 의례화된 행동이
라면 이를 12까지 세 번 반복해볼 수 있다. 사용하는 물건을
변화시켜서 특별한 비누만 사용하는 것이 강박행동의 일부로
굳어져 있다면 다른 상표의 비누를 사용해본다. 강박행동을
수행하는 시간을 변경시켜보는 것도 한 방법이다. 반복적으로
옷을 입고 벗는 것이 증상이라면 의례행위 중의 자세나 옷을
갈아입는 방 등 여러 가지 요소를 변경시키는 것이다. 늘 눈을
뜨고 강박행동을 수행해야만 한다면 이번에는 눈을 감고 수행
해보라.

포아 박사는 이와 같이 의례화된 행동의 패턴을 깨뜨리는
것이 다음과 같은 목적을 위해서라고 하였다. 첫째, 강박행동
을 완전히 중단시켜야 한다는 심한 압박감에 시달리지 않고
의례화된 행동의 패턴을 깨뜨릴 수 있다. 강박행동을 멈추거
나 지연시키는 것이 아주 어렵게 느껴지는 초기의 치료 단계
에서, 비교적 보다 쉽게 시도할 수 있는 것이 이처럼 행동의
패턴을 변화시켜보는 것이다. 일단 강박적인 행동 패턴의 변

화를 일으키는 것 자체가 치료적인 과정의 일부라고 간주된다. 둘째, 강박행동의 중요한 측면을 변경시킴으로써 내포된 마술적인 속성을 점차로 제거할 수 있게 된다. 셋째, 이러한 일상을 벗어나는 의도적인 시도는 '내가 언제 어디서 강박행동을 어떻게 수행하는가'를 선명하게 인식하게 만들 것이다.

이를 통해 계속해서 새로운 행동을 몸에 익힐 수 있다면 동시에 본래의 의례화된 행위에 집착해야 할 것만 같은 압박에서도 벗어나게 될 것이다. 엄격하게 경직되어 있는 의례화 행동과 새로운 변화는 서로 양립할 수가 없는 것이다. 의례적인 행동에 일말의 변화를 가하는 것은 그것을 완전히 포기해버리기 위한 중요한 첫걸음이 될 것이다.

### (4) 강박행동 중단시키기

이것은 점진적으로 많은 연습을 통해 강박행동에 대해 어느 정도의 통제력을 획득한 이후에 이루어지는 것이다. 이는 치료 과정의 종착역이라고 볼 수 있으며, 당연히 초반에는 이와 같은 시도는 엄두도 내기 어려울 것이다. 이를 위해서는 반드시 불안감에 직면하는 과정이 필요하다. 따라서 앞에 제시한 여러 가지 강박사고와 강박행동을 다스리는 방법을 통해 충분히 힘을 키운 후에 궁극적으로 강박행동 자체에 도전해야 한다.

**노출과 반응방지 기법**(Foa & Wilson, 2001)

1. 불안위계 목록을 작성해본다. 예를 들어, 오염에 대한 불안
   감을 유발하는 상황의 목록을 만들어본 후에 각각의 항목에
   대해서 얼마나 심한 불안감을 느끼고 있는지에 대한 주관적
   인 평정치를 부여한다. 각각의 증상에 따라 다양한 항목이
   만들어질 것이다(0점: 아무렇지도 않다. 100점: 너무 불안해
   서 죽을 것만 같다.).

   | | |
   |---|---|
   | 문고리 잡기 | 50 |
   | 버스의 손잡이 붙잡기 | 60 |
   | 공중전화에 입술이 스치는 것 | 75 |
   | 공공화장실의 수도꼭지 만지기 | 80 |
   | 공공화장실의 변기 만지기 | 90 |
   | 용변이 손에 묻는 것 | 95 |

2. 자극에 대한 노출은 실제적으로 자극을 접촉하는 직접 노출
   을 할 수도 있고, 상상을 통한 이미지 기법을 이용해 이루
   어질 수도 있다. 50 정도의 자극 노출부터 시작해서 하나씩
   자극을 정복하여 최고의 불안감을 주는 자극으로 거슬러 올
   라간다.

3. 각각의 불안자극을 직면하는데, 처음에 평가한 불안수준이
   최소한 절반 이하로 떨어질 때까지 직면을 반복해서 연습
   한다. 하루에 두 시간 정도씩 시간을 정하고 자극에 대한
   노출을 실시한다. 처음에 실제 자극에 대한 노출로 인한 불
   안감을 견디기가 너무 어려울 경우에는 먼저 이미지 기법

을 통해 자극노출을 실시하는 것도 좋은 방법이다.

4. 하나의 자극 상황에 대해 불안감이 감소될 때까지 계속해서 노출을 실시한다. 불안감이 처음에 비해 현저하게 감소되었다고 판단된다면 이제는 보다 강도가 높은 자극 상황에 도전할 때가 된 것이다.

5. 날마다 연습을 하되 적어도 한두 시간 정도의 연속적인 시간을 마련해야 한다. 이것은 여러 연구에서 단시간의 노출보다 장시간의 노출이 훨씬 치료 효과가 크다는 결과가 일관되게 보고되고 있기 때문이다. 5분씩 단절적으로 노출을 시행하면 아무리 전체 연습시간이 한두 시간이라 하더라도 불안감이 별로 감소하지 않는다.

   일단 노출을 시작하면 처음의 불안감이 주관적인 평가상 절반 이하로 떨어지기 전에는 노출을 중단하지 말아야 한다.

6. 만일 한 자극 상황에 대한 불안감이 더 이상 감소하지 않을 경우에는 이 자극에 대한 노출을 며칠 더 연장시키고, 노출시간도 한 시간 정도 증가시킨다.

7. 이러한 과정을 반복하여 궁극적으로는 불안위계 목록의 최상위에 위치한 자극에 대한 노출과 반응방지 훈련을 실시해야 한다. 만일 가장 강한 불안자극에 대한 직면 훈련이 이루어지지 않는다면 그동안 기울여온 노력이 수포로 돌아갈 수도 있음을 기억해야 한다.

가장 좋은 방법은 자발적으로 불안감의 원천에 접촉하고 강박행동 수행에 대한 압박을 참아내는 것이다. 여기에는 많은 고통과 노력이 수반되겠지만 그 결과는 그만큼 값질 것이다. 만일 전열기를 켜놓고 나왔을까 봐 두렵다면, 의도적으로 전기난로를 켜놓고 한 시간 동안 집을 나와 있어보라. 완벽하게 먼지 하나 없는 청결 상태를 유지해야 한다고 믿는다면, 방 몇 개를 쓰레기장처럼 만들고 며칠 동안 그 '불결함' 속에서 지내보라. 손을 안 씻으면 큰일 날 것 같은 불안감을 억누르고 먼지가 수북하게 쌓인 창턱을 쓰다듬은 후에 먼지를 로션처럼 손등에 골고루 비벼보라. 이러한 과정을 통해서만이 강박행동을 수행하지 않아도 불편감이 자동적으로 사라지고 행위에 대한 압박감도 사라진다는 것을 체득하게 될 것이다.

앞서 '노출과 반응방지'를 통한 행동치료의 접근방법에서 설명했듯이, 불안자극에 대한 노출을 강도가 약한 자극부터 점차 그 수위를 높여나가는 체계적인 방식으로 각자가 감당할 수 있는 정도로 실시해야 한다.

위의 경우 문고리를 만지면 불안감이 높아지지만 손을 씻고 싶은 욕구를 억제하며 계속해서 문고리를 만진다. 이렇게 한두 시간 정도 지속하면 처음에 느꼈던 50점 정도이던 주관적인 불편감이 점차로 감소하여 마칠 즈음해서는 30점 이하가 될 것이다. 이것이 하루 만에 이루어지면 좋겠지만 많은 경우에 며칠간의 연습이 필요할 것이다. 약 3~4일간 문고리에 대한 노출과 반응방지 연습을 반복한 결과 이제는 문고리를 잡아도 30점 이상의 불안감은 느껴지지 않으며 30분 이내에 불안감이 20점 이하로 감소될 수 있다면 이제 보다 강한 불안자극인 버스 손잡이 잡기로 넘어간다. 이제 과제는 집 앞을 경유하여 노선을 한 바퀴 돌아오는 데 한 시간 반이 소모되는 시내버스를 타고 양손으로 손잡이를 번갈아 잡으며, 이 손을 몸에 문지르기도 하여 자신을 '오염'시키는 것이다.

여기서 분명히 전달하고자 하는 바는 궁극적으로 이러한 불안자극에 대한 둔감화와 직면이 이루어지지 못한다면 근본적으로 강박 증상을 제거하기 어렵다는 것이다. 회피는 회피의 악순환을 낳을 뿐이다. 심리치료는 대개의 경우 회피하고 싶고, 받아들이거나 감당하기 어려운 감정 또는 갈등에 대한 직면을 통해 이를 합리적인 방식으로 재경험한다는 공통점이 있다. 직면은 매우 어렵고 고통스러운 인내의 과정을 필요로 하지만, 악순환의 회피 속에서 겪게 될 끝없는 고통보다는 훨씬 견딜 만할 것이다. 용기를 가지고 부딪쳐 보자. ◆

# 5. 가족의 치료적 도움

　혹시 여러분의 식구들 가운데 누군가가 지금까지 살펴본 강박장애의 문제로 고통을 겪고 있다면 가족으로서 무엇을 해줄 수 있을까? 그나마 스트레스를 줄일 수 있도록 손을 닦고 확인하고 수집하고 정리하는 강박행동을 옆에서 도와야 할까? 아니면 괜찮다고 불안해하지 말라고 위로해야 할까? 혹은 쓸모없는 반복행동을 멈추라고 고함을 질러 '충격요법'을 시도해야 할까? 이들의 가족은 종종 강박장애 환자의 고통에 버금가는 혼란과 좌절감과 무기력감에 잠겨있다. 여기에서는 강박장애를 극복하기 위해 가족이 함께 생각해봐야 할 내용 몇 가지를 살펴보기로 하자.

## 1) 현실적으로 받아들이고 이해하기

여러분의 사랑하는 가족 중 누군가가 강박장애로 고통받고 있다면 이미 수많은 의문점을 가져왔을 것이다. "어떻게 해야 도울 수 있을까? 과연 내가 해줄 수 있는 것이 무엇인가?" 이들의 가족은 늘 혼란스럽고 당황스럽고 무기력하며, 좌절감에 잠겨있는 것이 보통이다. 어리석은 짓 좀 제발 그만두라고 강력하게 설득하기도 하고, 때로는 가정의 평화를 위해서 어쩔 수 없이 강박행동의 수행에 협조해왔을 수도 있다. 효과적인 방법과 정확한 지식 없이 열정만 가지고 문제에 덤벼들면 그 열정만큼 문제를 망쳐놓기 십상이다.

이미 가족도 이 문제로 인해 지칠 대로 지쳐 있을지도 모른다. 때로는 제발 참으라며 야단을 치기도 하고, 반대로 강박행동을 도와보기도 하고, 때로는 괜찮다고 안심을 시키려 하지만 결과적으로는 아무런 효과도 없어 보였다. 그래도 여러분은 적어도 이러한 어려움이 어떤 것인지도 몰랐을 때에 비하면 강박장애라는 정체를 파악한 것만으로도 뭔가 실마리가 잡혔다는 안도감에 한숨을 내쉬게 될 것이다.

강박장애 내담자에 대한 가족의 반응은 수시로 변한다. 전형적인 반응 형태는 집안이 평화롭기 위해서 의례행위를 돕거나, 의례행위에 참여하지는 않지만 이를 할 수 있도록 암묵적으로 허용하거나, 내담자의 의례행위를 허용하지 않고 적극적으로 막는 세 가지로 나타난다. 가족이 이 중 어떠한 태도를 취하든, 이러한 의례행위를 허용하든 허용하지 않든, 아무래도 통제가 안 되는 강박 증상으로 인해 좌절감과 무기력감을 느끼게 되는 것이 보통이다.

실제로 강박장애로 인한 고통에서 벗어나기 위한 첫 번째 단계는 이것을 있는 그대로의 현실로 받아들이고 이해하려는 노력일 것이다. 강박장애 환자가 치료기관을 찾기까지 걸리는 시간이 평균 17년이라고 한다. 이것은 이들이 적절한 치료적 도움을 찾기까지 기나긴 시행착오를 겪게 된다는 것을 의미한다. 적절한 치료방법을 찾아 효과적으로 대처하기까지는 많은 시간이 걸리고 단계적인 노력이 필요하다.

## (1) 강박장애의 이해와 공감적 자세

가족이 강박장애 환자에게 효과적인 도움을 주기 위해서는 우선적으로 강박 증상으로 인한 고통이 어떤 것인지에 대한 정확한 지식에 근거한 공감적인 수용과 협력의 자세를 가져야 한다. 우선적으로 강박장애 환자를 돕기 위해서는 강박장애가 어떠한 것인지를 배우고, 강박장애가 정말로 개인에게 견디기 어려운 고통을 안겨주고 있다는 사실을 인정할 수 있어야 한다.

강박 증상으로 고통받고 있는 아들에게 아버지는 "제발 그만, 그만 좀 해라. 그놈의 씻고 또 씻는 짓거리 좀 집어치우지 못하겠니?"라며 버럭 소리를 지를 수도 있다. 만일 강박 증상이 의지력으로 간단히 해결되는 문제라면 누군들 그런 고생을 가만히 앉아 당하고 있겠는가? 아버지의 답답한 말에 아들은 분노를 경험하며, 이해받지 못하는 서러움에 더욱 심한 원망과 좌절만을 느끼게 될 것이다.

우선은 가족의 따뜻한 이해와 배려가 없이는 치료가 이루어지기 어렵다는 점을 강조하고 싶다. 치료에 대한 협조는커녕 가족의 반응 패턴이 변화되지 않고 그대로 유지된다면 치료가 제대로 될 리 없다. 가족 내에서 강박 증상을 의지적인 문제로 치부하여, 비판적이고 경멸적인 시선을 보내는 것은 절대적으로 금해야 할 일이다.

## (2) 무엇이 강박장애를 야기하는가? 이것은 내 책임인가?

많은 사람이 강박장애에 취약한 유전적 특성을 가지고 태어나지만 비교적 소수전체 인구의 1~2%의 사람만이 임상적인 수준의 강박장애를 겪게 된다. 이는 강박장애의 발생이 환경적·사회적·생물학적·유전적 요인의 복잡한 상호작용에서 기인하기 때문이다. 따라서 강박장애가 개인의 성장 과정에서의 잘못이나 실수로 인해 발생한 것이 아니라는 점을 명확히 인식해야 한다. 이와 마찬가지로 강박장애 환자의 가족 역시 자신들이 강박장애를 결정적으로 초래한 것이 아니라는 점을 주지해야 한다.

그렇다면 왜 똑같은 부모 밑에서 자라면서 누구는 강박장애를 갖게 되고 누구는 멀쩡한 것인가? 아직은 명확하게 대답하기 어려운 질문인 것 같다. 신경전달물질인 세로토닌 수준의 저하나 도파민의 과다활성, 두뇌의 구조적·기능적 이상, 혹은 유전적 취약성 등과 같은 생물학적 소인이 강박장애의 발달에 기초를 제공했을 것이고, 여기에 어떤 가치나 윤리, 신념, 인지체계, 발달 과정 등 개인적인 변인들이 환경과 상호작용하면서 장애의 발생에 기여했을 것이다.

단순히 부모의 잘못된 양육으로 인한 것이 아님에도 부모는 종종 아이를 잘못 양육해서 강박장애를 갖게 된 것처럼 생각하며 심한 죄책감에 시달리기도 한다. 식구들 간에 서로 비난하는 것도 전혀 도움이 되지 않는다. 이는 가족 간의 갈등만 심화시키고, 강박 증상의 악화로 이어질 스트레스와 긴장감만 고조시킬 뿐이다.

## 2) 가족을 위한 지침

이 절에서는 강박장애에 대한 기존의 가족치료적 접근

(Hyman & Pedrick, 1999; Lenane, 1991; Steketee & Van Noppen, 2003)에 근거하여 다음과 같이 치료적 지침을 요약해보았다.

첫째, 강박장애 관련 문제를 신속하게 파악해야 한다. 가족 중 누군가가 반복적인 행동과 과도한 회피 행동, 혹은 자신의 생각에 대한 비합리적인 두려움 등 강박장애적인 특성을 나타낼 때 이를 잘 감지해내야 한다. 이러한 증상들을 단순히 이상한 성격적 특성이라고 간주해서는 곤란하다. 문제의 신호가 되는 것들로는 다음을 들 수 있다.

- 어떤 무의미한 행동이나 일상적인 행동을 과도하게 반복한다.
- 자신의 판단에 대해 끊임없이 의심하며, 안도감을 얻기 위해 재차 확인을 하려 한다.
- 간단하고 일상적인 일과에도 오랜 시간이 소요된다.
- 항상 경직되어 있고 지쳐 보인다.
- 전반적으로 행동이 느려진다.
- 작은 일이나 세부사항에 지나친 노력과 주의를 기울인다.
- 적절한 수면이 어렵다.
- 주의 집중에 많은 어려움을 보이고, 괴로운 생각에 골몰해있는 것처럼 보인다.
- 날마다의 삶이 뭔가에 대한 투쟁처럼 힘들어진다.

• 일상적인 사물이나 장소 혹은 상황을 회피하려 한다.

둘째, 상황적으로 스트레스가 많은 기간 동안에는 증상이 일시적으로 악화될 수도 있음을 이해해야 한다. 스트레스와 우울한 감정은 강박사고의 빈도와 강도를 증가시킬 수 있다. 스트레스가 강박 증상을 악화시킬 수 있으므로, 일시적인 증상의 변동에 과민하게 반응하지 않는 여유가 필요하다. 대신 가족 내의 불필요한 스트레스를 줄이고, 특별히 식구끼리 언쟁이 오가는 상황을 줄이는 것이 바람직하다.

셋째, 개인의 기능 수준에 따라 치료 결과가 다양하게 나타날 수 있음을 이해해야 한다. 다른 강박장애 환자와 획일적으로 비교하여 치료에 대해 지나치게 낙관하거나 지나치게 비관해서는 안 된다. 모든 사람이 다양한 수준과 모습으로 강박장애를 겪는다는 사실을 명심하자.

넷째, 작은 치료적 변화에도 기뻐하고 지지해준다. 아무리 소소해 보여도 치료적인 변화가 일어났을 때 이것에 대해 만족하고 기뻐해주며 지지와 격려를 보내주어야 한다. 또한 이러한 치료적 경과에 대해 본인도 긍정하며 자신감을 가질 수 있도록 도와야 한다. 종종 증상이 다시 악화되어 제자리로 되돌아간 것 같은 좌절의 순간에는, 치료의 전반적인 진전과 경과를 다시 상기시키고 격려해주어야 한다. 강박 증상은 상황에 따라 증감의 교차가 나타날 수 있으므로, 날마다 증상의 변화를 '강박적으로' 체크하는 것은 장애의 차도를 오히려 방해할 수 있다. 조바심을 내지 말고, 치료가 시작된 이후로 치료 이전과 비교할 때 전반적으로 어떠한 변화가 일어났는지에 주목하는 것이 유익하다.

다섯째, 가정을 굳건한 지지환경으로 만들어야 한다. 강박 증상에 대해서 식구들 모두 깊게 이해하고 배워야 한다. 강박장애와 관련하여 비난이나 힐난조의 말을 하는 것은 해롭다. 그러나 수용과 이해가 강박행동을 하도록 허용한다는 의미는 절대로 아니다.

여섯째, 강박행동을 돕기보다는 억제하기를 격려하고, 강박사고에서 주의를 전환할 수 있도록 도와야 한다.

일곱째, 가족들의 일상생활이 정상적으로 유지되어야 한다. 가능하면 강박 증상이 가족의 정상적인 기능을 손상시키지 않도록 주의해야 한다. 가족 내의 평탄하고 견고한 일상과 구조는 안정감을 주어 강박행동을 억제하고 불안자극에 노출할 수 있도록 힘을 준다.

여덟째, 긍정적인 변화를 민감하게 포착해서 지지하고 격려해주어야 한다. 이것은 자존감과 자신감의 밑바탕이자 험난한 치료 과정을 이겨낼 수 있는 원동력이 될 것이다. ◈

# 참고문헌

원호택(1997). 이상심리학. 서울: 법문사.

윤순임, 이죽내, 김정희, 이형득, 이장호, 신희천, 이성진, 홍경자, 장혁표, 김정규, 김인자, 설기문, 전윤식, 김정택, 심혜숙(1995). 현대 상담 · 심리치료의 이론과 실제. 서울: 중앙적성출판사.

Abramowitz, J. S., Foa, E. B., & Franklin, M. E. (2003). Exposure and ritual prevention for obsessive-compulsive disorder: effects of intensive versus twice-weekly sessions. *Journal of Consulting and Clinical Psychology, 7,* 394-398.

Amir, N., Freshman, M., Ramsey, B., Neary, E., & Brigidi, B. (2001). Thought-action fusion in individuals with OCD symptoms. *Behaviour Research and Therapy, 39,* 765-776.

Bellack, A. S., & Hersen, M. (1990). *Handbook of comparative treatments for adult disorders.* New York: John Wiley & Sons.

Bloch, M. H., Landeros-Weisenberger, A., Rosario, M. C., Pittenger, C., & Leckman, J. F. (2008). Meta-analysis of the symptom structure of obsessive-compulsive disorder. *American Journal Psychiatry, 165*(12), 1532-1542.

Block, M. H., & Pittenger, C. (2010). The genetics of obsessive-compulsive disorder. *Curr Psychiatry Rev, 6,* 91-103.

De Silva, P., & Rachman, S. (1998). *Obsessive-compulsive disorder, the facts* (2nd ed.). Oxford: Oxford University Press.

Denys, D., Zohar, J., & Westenberg, H. G. (2004). The role of dopamine in obsessive-compulsive disorder: preclinical and clinical evidence. *J Clin Psychiatry, 65,* suppl 14: 11-17.

Emmelkamp, P. M. G. (1982). *Phobic and obsessive-compulsive disorders: Theory, research, and practice.* New York & London: Plenum Press.

Foa, E. B., & Wilson, R. (1991, 2001). *Stop obsessing, how to overcome your obsessions and compulsions.* New York: Bantam Books.

Foa, E. B., Liebowitz, M. R., Kozak, M. J., Davies, S., Campeas, R., Franklin, M. E., Huppert, J. D., Kjernisted, K., Rowan, V., Schmidt, A. B., Simpson, B., & Tu, X. (2005). Randomized, Placebo-Controlled Trial of Exposure and Ritual Prevention, Clomipramine, and Their Combination in the Treatment of Obsessive-Compulsive Disorder. *American Journal of Psychiatry, 162,* 151-161.

Foa, E. B., Yadin, E., & Lichner, T. K. (2012). *Exposure and response prevention for Obsessive-Compulsive Disorder: Treatment guide.* New York: Oxford University Press.

Frost, R. O., & Steketee, G. S. (1998). Hoarding: Clinical aspects and treatment strategies. In M. A. Jenike, L. Baer, & W. E. Minichiello (Eds.), *Obsessive compulsive disorder: Practical management* (3rd ed., pp. 533-554). St. Louis, MO: Mosby Yearbook Medical.

Frost, R., & Hartl, T. (1996). A cognitive behavioral model of compulsive hoarding. *Behaviour Research and Therapy, 34,*

341-350.

Gabbard, G. O. (1994). *Psychodynamic psychiatry.* Washington, DC: American Psychiatric Press.

Graybiel, A. M., & Rauch, S. L. (2000). Toward a Neurobiology of obsessive-compulsive disorder. *Neuron, 28,* 343-347.

Hodgson, R. J., & Rachman, S. (1972). The effects of contamination and washing in obsessional patients. *Behaviour Research and Therapy, 10,* 111-117.

Hyman, B. M., & Pedrick, C. (1999). *The OCD Workbook: Your guide to breaking free from obsessive-compulsive disorder.* Oakland, CA: New Harbinger Publications.

Koo, M. S., Kim, E. J., Roh, D., & Kim, C. H. (2010). Role of dopamine in the pathophysiology and treatment of obsessive-compulsive disorder. *Expert Rev Neurother, 10,* 275-290.

Lenane, M. (1991). Family therapy for children with obsessive-compulsive disorder. In M. T. Pato & M. Zohar (Eds.), *Current treatments of obsessive compulsive disorder.* Washington, DC: American Psychiatric Association.

Mataix-Cols, D., Wooderson, S., Lawrence, N., Brammer, M. J., Speckens, A., & Phillips, M. L. (2004). Distinct neural correlates of washing, checking, and hoarding symptom dimensions in obsessive-compulsive disorder. *Archives of General Psychiatry, 61*(6), 564-576.

Mentzos, S. (1982). *Neurotische Konfliktverarbeitung.* München: Fisher Taschenbuch Verlag.

Moore, B., & Pine, B. (1990). *Psychoanalytic terms and concepts.* New Haven, CT: Yale University Press.

O'Connor, K., & Robillard, S. (1995). Inference processes in obsessive-compulsive disorder: Some clinical observations. *Behaviour Research and Therapy*, *33*, 887-896.

Obsessive Compulsive Cognitions Working Group. (1997). Cognitive assessment of obsessive-compulsive disorder. *Behaviour Research and Therapy*, *35*, 667-681.

Obsessive Compulsive Cognitions Working Group. (2001). Development and initial validation of the obsessive beliefs questionnaire and the interpretation of intrusions inventory. *Behaviour Research and Therapy*, *39*, 987-1006.

Pauls, D. L. (2010). The genetics of obsessive-compulsive disorder: A review. *Dialogues Clin Neurosci*, *12*, 149-163.

Pauls, D. L., Abramovitch, A., Rauch, S. L. O., & Geller, D. A. (2014). Obsessive-compulsive disorder: an integrative genetic and neurobiological perspective. *Nature Reviews Neuroscience*, *15*, 410-424.

Ponniah, K., Magiati, I., & Hollon, S. D. (2013). An update on the efficacy of psychological treatments for obsessive-compulsive disorder in adults. *Journal of Obsessive-Compulsive and Related Disorders*, *2*, 207-218.

Purdon, C., & Clark, D. A. (1994). Obsessive intrusive thoughts in nonclinical subjects. Part II. Cognitive appraisal, emotional response and thought control strategies. *Behaviour Research and Therapy*, *32*, 403-410.

Rachman, S. (1997). A cognitive theory of obsessions. *Behaviour Research and Therapy*, *35*, 793-802.

Rachman, S. (1998). A cognitive theory of obsessions. *Behaviour*

*Research and Therapy, 36*, 385-401.

Rachman, S., & Hodgson, R. J. (1980). *Obsessions and compulsions.* Englewood Cliffs, NJ: Prentice-Hall.

Salkovskis, P. M. (1985). Obsessional-compulsive problem: A cognitive-behavioral analysis. *Behaviour Research and Therapy, 23*, 571-583.

Seligman, M. E. P., & Maier, S. F. (1967). Failure to escape traumatic shock. *Journal of Experimental Psychology, 74*, 1-9.

Shafran, R., Thordarson, D. S., & Rachman, S. (1996). Thought-action fusion in obsessive compulsive disorder. *Journal of Anxiety Disorders, 10*, 379-391.

Simpson, H. B., Foa, E. B., Liebowitz, M. R., et al. (2013). Cognitive-behavioral therapy vs risperidone for augmenting serotonin reuptake inhibitors in obsessive-compulsive disorder: A randomized clinical trial. *JAMA Psychiatry, 70*, 1190-1199.

Soomro, G. M., Altman, D., Rajagopal, S., & Oakley-Browne, M. (2008). Selective serotonin re-uptake inhibitors (SSRIs) versus placebo for obsessive compulsive disorder (OCD). *Cochrane Database Systematic Reviews, 23*(1).

Stein, D. J., Spadaccini, E., & Hollander, E. (1995). Meta-analysis of pharmacotherapy trials for obsessive-compulsive disorder. *Int. Clin. Psychopharmacol, 10*, 11-18.

Steketee, G., & Frost, R. O. (2003). Compulsive hoarding: Current status of the research. *Clinical Psychology Review, 23*, 905-927.

Steketee, G., & Van Noppen, B. (2003). Family approaches to treatment for obsessive compulsive disorder. *Rev Bras Psiquiatr, 25*, 43-50.

Steketee, G., Frost, R. O., & Kyrios, M. (2003). Cognitive aspects of compulsive hoarding. *Cognitive Therapy and Research, 27,* 463–479.

Storch, E. A., Bussing, R., Small, B. J., Geffken, G. R., McNamara, J. P., Rahman, O., Lewin, A. B., Garvan, C. S., Goodman, W. K., & Murphy, T. K. (2013) Randomized, placebo–controlled trial of cognitive–behavioral therapy alone or combined with sertraline in the treatment of pediatric obsessive–compulsive disorder. *Behaviour Research and Therapy, 51,* 823–829.

Summerfeldt, L. J. (2004). Understanding and treating incompleteness in obsessive–compulsive disorder. *Journal of Clinical Psychology, 60,* 1155–1168.

Tolin, D. F., Abramowitz, J. S., Brigidi, B. D., & Foa, E. B. (2003). Intolerance of uncertainty in obsessive–compulsive disorder. *Journal of Anxiety Disorders, 17,* 233–242.

Tolins, D. F., Woods, C. M., & Abramowitz, J. S. (2003). Relationship between obsessive beliefs and obsessive–compulsive symptoms. *Cognitive Therapy and Research, 27,* 657–669.

Toma, H., & Kächele, H. (1987). *Psychoanalytic process.* Berlin: Springer–Verlag.

Wegner, D. M., Schneider, D. J., Carter, S. R. III, & White, T. L. (1987). Paradoxical Effects of Thought Suppression. *Journal of Personality and Social Psychology, 53,* 636–647.

Woods, C. M., Frost, R. O., & Steketee, G. (2002). Obsessive–Compulsive (OC) symptoms and subjective severity, probability, and coping ability estimations of future negative events. *Clinical Psychology and Psychotherapy, 9,* 104–111.

# 찾아보기

## 《인 명》

## 《내 용》

## ◎ 저자 소개

이용승(Lee, Yongseung)
서울대학교 심리학과를 졸업하고 동 대학원에서 석사학위와 박사학위
(임상심리학 전공)를 받았다. 서울대학교병원에서 임상심리 수련과정
을 수료하였고, 임상심리전문가 및 정신보건임상심리사(1급) 자격을
취득하였다. 현재 서울정신분석상담연구소의 부소장으로, 임상 현장
에서 심리치료 활동을 하고 있다. 주요 저서로는 『범불안장애』(2판),
『강박장애』(2판, 공저), 『자폐증』(2판, 공저) 등이 있고, 주요 역서로는
『지그문트 프로이트』 『경계선 내담자를 위한 전이초점 심리치료 입
문』(공역), 『경계선 장애와 병리적 나르시시즘』(공역), 『남녀관계의 사
랑과 공격성』(공역) 등이 있으며, 환청, 애착, 사고억제, 분리-개별화
이론, 부정적 치료반응, 정신분석에서의 동기이론 등과 관련된 다수의
논문이 있다.


이한주(Hanjoo Lee)
서울대학교 심리학과를 졸업하고 동 대학원에서 석사학위(임상심리
학 전공)를, 미국 텍사스 주립대학교에서 박사학위(임상심리학 전공)
를 받았다. 서울대학교병원에서 임상심리 수련과정을 수료하였으며,
임상심리전문가 및 정신보건임상심리사(1급) 자격을 취득하였다. 현
재 위스콘신 대학교에서 임상심리학 부교수로 재직 중이다. 주요 저
서로 『강박성 성격장애』(2판, 공저), 『사례로 읽는 임상심리학』(공저)
등이 있고, 주요 역서로는 『정신분석적 심리치료』(공역)가 있으며,
Behavior Research and Therapy, Journal of Anxiety Disorders 및
American Journal of Psychiatry를 비롯한 외국 학술지에 강박장애와
불안장애에 관련된 여러 논문을 발표하였다.

ABNORMAL PSYCHOLOGY 6

# 강박장애 헤어날 수 없는 반복의 굴레
**Paranoid Personality Disorder**

2000년 9월 20일 1판 1쇄 발행
2015년 2월 10일 1판 6쇄 발행
2016년 7월 15일 2판 1쇄 발행
2024년 1월 25일 2판 4쇄 발행

지은이 • 이용승 · 이한주
펴낸이 • 김 진 환

펴낸곳 • (주)**학지사**

04031 서울특별시 마포구 양화로 15길 20 마인드월드빌딩 5층

대표전화 • 02) 330-5114    팩스 • 02) 324-2345

등록번호 • 제313-2006-000265호

홈페이지 • http://www.hakjisa.co.kr
인스타그램 • https://www.instagram.com/hakjisabook/

ISBN 978-89-997-1006-3 94180
      978-89-997-1000-1 (set)

정가 9,500원

출판미디어기업 **학지사**

간호보건의학출판 **학지사메디컬** www.hakjisamd.co.kr
심리검사연구소 **인싸이트** www.inpsyt.co.kr
학술논문서비스 **뉴논문** www.newnonmun.com
원격교육연수원 **카운피아** www.counpia.com